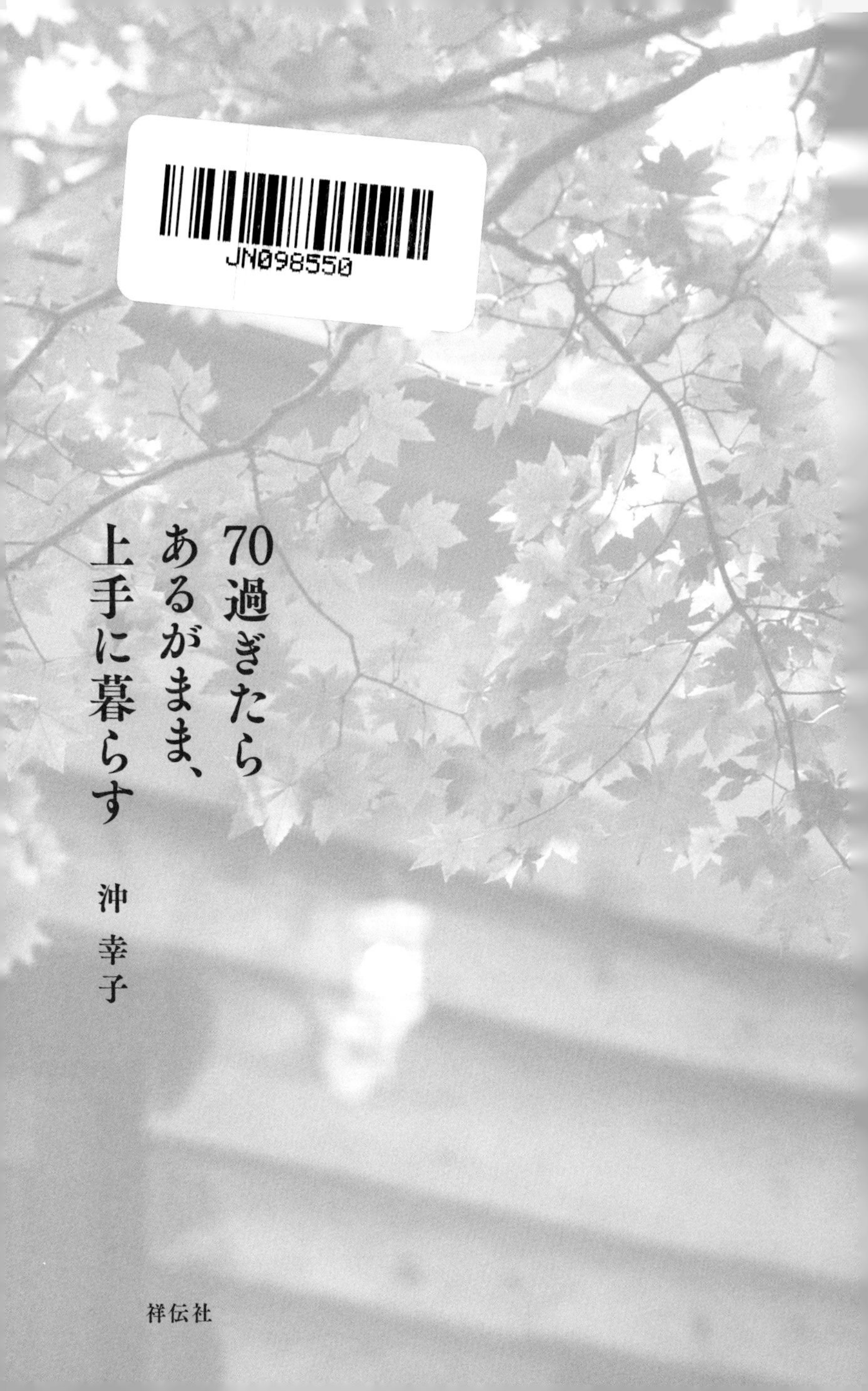



# 70過ぎたら あるがまま、上手に暮らす

沖　幸子

祥伝社

# プロローグ

人は、いつの間にか、知らないうちに年をとります。

それは、地球上の生物の避けられない現実です。

健康に自信がない、子どもがつれなくてあてにならない、老後資金が足りない……というように、老いの心配は尽きないものでしょう。

また、今の世の中を見ていれば、ネットやSNS、TVや新聞などの情報に触れるたび、「なぜ紛争はなくならないのか」「政治は何をしているの?」「経済政策をちゃんとやって!」と、何かと腹も立つものでしょう。

でも、残念ながら、そんな不安や憤《いきどお》りにたくさんの時間を預けていられるほど、70歳を過ぎた私たちには先がありません。

ならば、そうしたことに翻弄《ほんろう》されてネガティブな気分になるより、自分本来の気持ちのいい状態＝「あるがまま」を取り戻すことにエネルギーを注ぐほうが前向きではないでしょうか？

必要以上に、老年の不安を煽《あお》るような情報に惑《まど》わされない。そういったものは、なんとなくの漠然とした心配だから、実体などないのだと認識すること。

そのうえで、ジタバタしない。「すべてはうまくいっている」とゆるやかに信じることにして、未来のことは若者に託《たく》し、半分身を任せてしまう。

ある部分はあきらめ、今をどう生きるかに集中し、お金との付き合い方を決めていく。そうしてなんでもない毎日をどのように自立させ、楽しく暮らすかに思いを馳《は》せる――。

物理学的にいえば、この世のすべては幻《まぼろし》だそうです。ですから、「なるようになる（どうせ、すべて幻なのだから）」と開き直れることも、ときには大切かもしれません。

人によって幸せの尺度も違うのだから、他人の顔色を窺《うかが》って幸不幸の物差しをわざわざ拝借してくる必要などない。まわりがなんと言おうが思おうが、自分がいいと信じる幸せの尺度をつくっていけばいいのです。

「老人」という役割は、人生の中で誰もがはじめて遭遇するもの。年を重ねたからといって、立派で人に誇れる上手な生き方ができなくても当たり前。

むしろ、下手な生き方でいいから、自分が満足できる程度に折り合いをつけつつ、日々の暮らしをそこそこ上手に送れれば、いいのです。

シニア世代となった自分が、実際の暮らしの中でどうやっていろいろな知恵を活用していけるか、毎日の小さな暮らしを丁寧《ていねい》に、紡《つむ》いでいきたいと思います。

かつて、「暮らしを科学する」という言葉が流行《はや》ったことがありますが、「老人を科学する」気持ちで、自分自身へのエールも込めつつ、同年輩のみなさまが老いの暮らしを楽しめるために、何かお役に立つことができれば幸いです。

目次

## 3章　お金との健康的な付き合い方　73

## 4章　四季に寄りそい、自然に暮らす　91

5章 住み心地のいい空間づくり 139

写真　半田広徳
スタイリング　沖　幸子
デザイン　藤崎良嗣　五十嵐久美恵　pond inc.
ＤＴＰ　キャップス

玄関近くにある我が家の鏡。いくつになっても鏡を見ることで、こぎれいを心がけて。

ときには身近な楽器を奏でると、身も心も癒されて。

森の家にある天体望遠鏡。雄大な夜空を眺めると、いろいろな悩みがちっぽけに感じられます。

自然に触れると、先々への不安から解放され、今を大切に生きたくなるから不思議。

最近よくつくるキャロットラペ。にんじんは、カロテンが多く含まれるので、目の疲労には効果的。

毎朝目覚めたら、部屋中のドアを半開きにして、家の中に風の道をつくります。
部屋中の空気がきれいだと、汚れがつきにくいので、掃除も簡単。

小さなかごに、レモンや炭を入れ、インテリアを兼ねて部屋の隅に置くと、自然の除臭効果が。

1章

# 自分の人生を、
# 自分の手に取り戻す

## 社会に腹を立てるのは、若者に任せる

情報社会といわれて久しい今の時代、そのつもりがなくても、どこかから情報が入ってきてしまうことが多い毎日です。

スマホを開けば、「誰それがこんなことを言って炎上した」、TVをつければ、「政治家が問題発言をした」等々。

毎日の生活に不必要な情報ばかりが届けられ、いつの間にか、不安や怒りが心に湧いてくる。

心をマイナスにする情報に触れ続けていると、自分の気持ちまで暗く寂しくなってしまいます。

それでは、とても〝豊かな自分の人生〟を送っているとはいえません。

人生は短い。

もったいないことです。

シニアのこれからの時間は、人生の総仕上げ。

密度の濃い貴重なものです。

もちろん、「社会を変えることが生きがい」という人が、そこに闘志を燃やすことはいいと思います。

でも、そういうタイプではない人ならば、自らネガティブな情報にチャンネルを合わせ、あえて怒りや不安をつくり出す必要はありません。

社会の担い手は次の世代に移ったのだと思うことにして、あとの人たちがうまくやっていってくれるはずと、信頼して託すこと。

私たちの貴重なエネルギーを自分自身の手に取り戻すためにも、まずはそんな割り切りからはじめてみませんか？

## 健康に固執しない

以前、当時住んでいたマンションの前を、どんなに荒天《こうてん》の日でもヨタヨタしながら、小走りにランニングしている老人をよく見かけました。

どう見ても80歳は超えているその男性を見ていると、「ヒー、ヒー」という悲鳴に近い声が聞こえ、失礼ながら今にも倒れてしまいそうな光景が浮かんでしまったものでした。

もちろん、自分が楽しくてそのランニングを選んでいるのなら、いい。

でも、「これから長生きするために」と無理するのは、どうかな、と。

これまでも、「将来のために」と生きてきたのだとすると、70歳を過ぎたら「今を楽しむ」を選んでもいいのでは。

老いの健康管理は、ハードに鍛《きた》え上げるのではなく、ゆるやかにバランスよく、身体《からだ》と心に合ったものを選べばいいと思う。

「しなければいけない」「してはいけない」に振り回されない。

「毎日の散歩で1万歩は歩く」というように、ノルマを課すこともしない。

義務的な散歩より、家の中で立ったり座ったり、あれこれ工夫を凝《こ》らした家事をすれば、いつの間にか3000歩程度は動いている。少し外へ出ればそれ以上にもなる。

すべてが「しなくては」となると、老体にはつらいもの。

身体も心もゆるゆると、のんびり暮らすことが自然でベストな〝健康法〟かも。

## 健康法は続くことだけ

先日、ラジオで70代の男性タレントが、「健康の秘訣は？」と聞かれて、こんな答えをしていました。

「いいと言われるものは必ず試してきたが、結局、最後は自分に合うかどうか。今は早朝に熱いシャワーと冷たいシャワーを交互に浴びることだけを日課にしている」

見映えを気にするタレント仕事の人であってもそうなのです。
いろいろやっても、結局、自分にとって負担の大きいものは定着しない。
シニアの健康法なんて人それぞれ。
結局、自分が気持ちいいと思える、続くものがベスト。

そういう私も、起きて必ずやるのは、今は体重を測ることだけ。

簡単なので、これだけは毎日の習慣になっています。

体重計の数値は、「昨日は食べすぎたかな」「今日はケーキでも食べるか」等々、自分なりの健康バロメーターにもなる。

以前は、毎朝、血圧も測っていましたが、いつの間にか気が向いたときにだけ測るように。

「どうしてもやらなければいけない」という金縛り的な健康志向は、長い年月のうちに、ズボラな自分には合わないとわかってきたようです。

何事も、心や身体に負担のかからない自分流の健康管理法が、余生に入った高齢者にはラクで心地いいものかもしれません。

## やせ我慢の食事にさよなら

健康法といえば、食べ物のことも大切です。

でも、これも運動と同じ。

十分に老いた今、自分のことは自分が一番よく知っているはず。

毎日の暮らしの中でバランスをとればいい。

必要以上に、健康情報に人生をコントロールされたくない。

私の場合も、はっきりと害のある食べ物はさすがに遠慮しますが、心と身体が食べたいと思うものは、少量食べることにしています。


たとえば、お肉なら脂身の少ない赤身がいいと言われているが、やっぱりそればかりでは人生の楽しみがないと思うので、たまには脂が滴《したた》り落ちるサーロインをワサビと醬《しょう》油《ゆ》で食べる。

あじ・さばなどの青魚が脳にいいといくら言われても、そればかりでは心が貧しくなってしまうから、たまには数の子やウニを豪勢に食べてみる。

チョコレートもカカオのパーセントが高いものが身体にいいとわかってはいるけれど、ときには外国製のミルクたっぷりのものを食べると幸せな気分になるし、身体が「おいしい！」と叫んでいるのがよくわかる。

血糖値やコレステロールが心配される食べ物も、自分の身体と心が喜ぶときに〝少量〟と決めて食べればいいのです。

## 人に頼りすぎない、左右されすぎない

あるとき、90歳の知り合いの男性が「この年になると、ほとんどが重病にかかったり、鬼籍《きせき》に入ったり、たくさんいた仲間や知り合いも残り少なくなった」としみじみ話していました。

多くの友や知人に囲まれ、そういった関係を頼りに生きてきても、やがては一人残されるか、人より先に旅立つのかもしれない。

それは、誰もが平等にたどる、避けられない〝生き物〟としての道なのでしょう。

だから、人に依存しすぎずに、何でも自分でやってしまえる習慣を今のうちに身につけておきたい。

新しい友人をつくるのは新鮮さもあるでしょうが、そもそも友人はつくろうと思ってできるものでもないし、人付き合いが苦手なタイプならそれがストレスにもなる。70代になれば、あえて人間関係を増やそうとせず、今の信頼できる友とはつかず離れずで、普段は自然や音楽、好きなことを相手に、あるがままに自立した暮らしを心がければいい。

なにより、自立した暮らしのいいところは、必要なときに、相手かまわず、さっさと自分で動けること。

たとえば、2㎞くらいの距離なら、電車やタクシーに乗るでもなく、人に送ってもらうでもなく、自分の足で歩いてしまう。無料で移動できるし、健康にもいい。人気《ひとけ》のないところなら堂々とコロナマスクを外し、簡単に1万歩ぐらい歩くことだって自然とできてしまう。

元気なうちは、人に左右されず、人をあてにせず、自分で自分を使う。そうするうちに、自分の肉体の衰えや限界もわかってくるのです。

それでも、どうしても人恋しくなるときがあれば、誰かと話す機会をつくればいい。

近隣の人に、「こんにちは」「おはよう」と、元気に明るく挨拶《あいさつ》するだけでも気分は前向きになれる。

店員さんには気軽に話しかけ、日本語のたどたどしい留学生には「日本語が上手ね」と勇気づけ、無愛想な若者には「ありがとう」をわざと乱発しながらこっそり教育してみたりする。

毎朝ベランダの草木や部屋の鉢植《はちう》えに、大声で話しかけるのもいい。

誰かに依存したり、人間関係を無理に求めたりしなくても、ちょっとの工夫で自らの身体と心を元気づける方法はいくらでも溢《あふ》れているのです。


シニアの日常に大切なことは、不器用でいいからできるだけ自分でやること。

急いでやらない、じっくりやればいい。

それが、高齢者の元気の源になるのです。

身体や脳を使う毎日は、健康寿命を延ばすことにもつながりそうです。

## 下手でいい

年を重ねた今、思うことがある。

それは、「何事も上手にならなくたっていい」ということ。下手でいいのです。

何事も、深追いしたり、欲を出しすぎたりすると、時間や体力、気力がなくなります。

何事にも挑戦する気持ちは大切にしながらも、高きを望みすぎず、身の程をわきまえることも大切な気がする。


新しいことをはじめようと、私も最近ピアノの練習をはじめた。

子どものころに弾けた曲なのに思うように指が動かず、少しも上達しない。

でも、「上手ではなくても、下手でいいのだ」と思うようになったら、楽しくなってきたのだから不思議。


老い先短い老婆《ろうば》が、これからプロになるわけでもないし、人前で演奏する容姿も体力も、ましてそんな能力もない。

だから、お気に入りのベートーベンの2曲だけに絞り、それだけを毎朝15分だけ練習することにした。年寄りの発想の転換です。

名曲は、CDを聴いたり、コンサートに出かけたりして楽しめばいい。

そのぐらい気楽なほうが、精神衛生にもいい。

近ごろでは、ポロンポロンと下手な音を聞かないと一日がはじまらないほど、〝気負わない挑戦〟は生活の一部になっています。

## 好奇心を失わない

古い友人で、尊敬している〝我が道を行く〟女性がいる。

思いつくと〝即実行〟の達人。

75歳の彼女とは、お互い仕事をバリバリこなしていたころに知り合い、友人関係となってかれこれ40年以上。今でも、年に数回、散策ランチと称して近況報告を含め、たわいもないおしゃべりに興じている。

にわか〝山ガール〟になって近くの低山を登ったり、話題になっているレストランを食べ歩いたりすることも。

時間をやりくりして会えば、まる一日、出かけた先で食べたり飲んだり、しゃべったり。よくまあそれだけ話すことがあるなと思うくらい。

好奇心旺盛《おうせい》の彼女は、興味を持ったものには何でもトライする。

会うたびに、以前やっていたことがすべて過去形になっているのも面白い。

私の知る限り、彼女が関心を持ち、挑戦した物事は、数えれば両手では足りない。

数年前、シロクマを追いかけて、南極まで出かけたのには驚いた。

とにかく、頭に浮かんだことはすぐ行動に移す。

誰かと一緒にとか、友人をつくるためにというような人ありきで動くのではなく、あれがやってみたい、あそこに行ってみたいというような〝やりたいこと〟ありきで動く。

いつも長続きはしないけれど、興味が変われば、またかなりのエネルギーでまっしぐらに突進する。

そんな彼女も、最近はさすがに昔ほどのダイナミックさはないが、身近な小さいことには、相変わらず挑戦の目を向けている。

## こだわりは、ほどほどに

70代も後半にさしかかったゴルフ仲間のAさんも、誰もが認める〝我が道を行く〟人。頭のいいAさんは、他人の思惑など気にせず、すべてを自分流に生きている。ただ、自分流を通すあまり、まわりが見えなくなることもたまにある。

先日も、キャディさんが、「本当に困ります、Aさんは」とこぼしていた。

いつも、彼はカートを使わないで歩くらしいが、その日は混んでいて前後の関係で早く移動したいので、「カートに乗ってください」とキャディさんが強く勧めたらしい。でも、「自分は歩くためにゴルフをしている!」と、健康オタクのAさんは耳を貸さなかった。

キャディさんも、スムーズにプレイを仕切れなくて、上司に注意されてしまったのだとか。毎回のことなので、キャディさんの仲間内では、Aさんはまったくまわりの空気が読めない変わった人、というレッテルが張られているという。

でも、私が普段接している実際のAさんは、世話好きで学生時代の飲み会の幹事も頼まれれば喜んで引き受ける。

彼は自分なりのこだわりを持ってしまう〝生き方下手〟の善人なのかもしれない。

たぶん、あまのじゃくな面があるのでしょう。


ただ、このあまのじゃくという妖怪《ようかい》は、度を超すと人生の自由度を下げることになるから、やっぱりほどほどにしたいもの。

別に人に好かれよう、いい人でいよう、とする必要はないけれど、何が何でも人の言うことを聞かず、その場の空気が読めずに、自分の意思を押し通す老人は、変わり者の部類に入れられてしまう。老人性のあまのじゃくは、傍《はた》からは、何にでも反対する単なるひねくれものに見えてしまう可能性があるのです。

「老いては子に従え」で、「カートに乗ってください」と言われれば、笑顔で「はい、はい」と言うことを聞くだけの余裕は持ちたいもの。

数分の歩く健康は、あとで補えばいいのですから。

Ａさんほどではないが、もともと私も、他人にどう見られているかはあまり気にならない。これまでの自分の進路や生き方は、人の意見は参考にしても、ほとんどは自分のやり方や考え方を通してきた強情なところもある。

ただ、自分の生き方に関係しない些末《さまつ》なことは、強引に反対しないし、心の中では同調しなくても、「いいねえ」とうなずいて、よきにはからえ式のいい加減なところもある。

そんな〝半あまのじゃく〟ぐらいを演じるのが、高齢者にも、まわりにとっても心地いい案配なのかもしれません。

## 危うきには近寄らない

ふと気づくと、近づいてきた人が、悪人か善人か、まともかそうでないか、好きか嫌いかなど、知らないうちに仕分けしていることがあります。

特に年を重ねると、長年培《つちか》ってきた人生経験という錯覚《さっかく》から偏見が生まれ、結果的に騙《だま》されたりすることもあるので注意が必要。

自分のこれまでの人生を誇らしく思って自信を持つことは大切です。ただ、自己愛が過ぎると、自分は他人よりも考えや行動が優れているという過剰な自負が強まり、判断力が鈍《にぶ》ることにもなりかねない。

老人性の独断と偏見というのは、経験豊かと思い込んでいる心にこそ、忍び込んでくるアメーバのようなものなのかもしれません。

だから、「人を判断するのは、見かけや勘では難しい」と常々意識においておくこと。外見や服装では、その人の心の中身を知ることはできないのですから。

まして、容貌《ようぼう》や振る舞いは、こちらの主観や好みが大いに影響するので、無意識のうちに先入観に左右されていることもあるのです。

実際、他人のいる前では上手に演技し、一人のときは正反対の性格の人もいる。
聖人君子のように見せているが、裏では汚い行動を平気でやってのける人もいる。
派手でお金があるように見せているが、懐《ふところ》事情は火の車だったりする人もいる。

人の心というのは、長老がどんなに経験を重ねたところで見えるものではありません。

ですから、過信によって、大切な老後の時間が足元からすくわれてしまわないためにも、老後は「君子、危うきに近寄らず」。

古くからある言葉には、人間の真理が詰まっているのです。

## 欲張らない

人の善悪を見分けることは難しいものですが、そうはいっても、すべての交際を断つわけにもいかないもの。

だから、老いを重ねた際に人とかかわる場合、適度な距離を設け、「狭く、浅く」ということが大切です。

付き合いは、広すぎると思わぬ厄介事に巻き込まれ、貴重な老後の時間が減ってくることにもなる。

深くかかわるとお金もかかるし、精神的に煩《わずら》わされることも多い。

とはいえ、過剰な関心やかかわりを身内に向けすぎれば、オレオレ詐欺《さぎ》のようなものに騙されやすくなることも……。

そんな中、知人の80代のBさんは、「狭く、浅く」のお手本のような人。「オレオレ」と孫らしき相手からかかってきた電話には、「本人が直接面《つら》を出して、ちゃんと頼みにこい！」と一喝《いっかつ》。

還付金の返金などの疑わしい電話には、「そんな、はした金はいらん！」と却下。

この話、何度聞いても詐欺の犯人側の困惑した様子が想像でき、「よく言った！」の拍手喝采《かっさい》で、欲のない潔《いさぎよ》い見事な老人の姿に、いつも最敬礼をしたくなります。

実際、彼は私欲もなく、現代の鴨《かもの》長明《ちょうめい》を彷彿《ほうふつ》とさせるように、淡々と生きている人。「いい歳こいて、金欲や物欲、人欲《じんよく》なんて出したら、ろくなことにならん」とお坊さんのようにきっぱりと言う。

何があっても「我、関せず」の浅い関係は、いつでも疎遠になることができ、身軽になれて面倒事を持ち込まれることも少ない。

人とのかかわりは少しずつ減らして、最後は静かに自分自身を見つめる。それが自分の人生をシンプルに全《まっと》うするうえでいいのかもしれない。

## 客観的に老いと向き合う

私は、鏡を見るほうかもしれない。

ナルシストか自意識過剰と誤解されそうですが、自分自身の今の状態を確認するために、昔からの習慣になっている。

手や足は自分で見えても、顔と全身は自分では見えない。

だから、鏡の手を借りて身だしなみを整え、着ていく服が似合うかどうかを見ながら、顔色などもチェックする。

「お腹が出てきたな」「背中が曲がりはじめた」など、全身の状態も気になり出したりもしますが、こんなふうに、鏡は自分の状態を自らで客観的にチェックするために必要な唯一の道具なのです。

「よく鏡を見るなんて、自意識過剰」などと他人に笑われようが気にしない。

そもそも、自分の顔に見とれ、「鏡よ鏡、世界で一番美しいのは誰?」と問いかけるのは童話の世界の話。

そう考えるほど自分に自信もない。

〝自意識過剰〟などという他人の物差しは気にしない。

とはいえ、最近は、鏡を見るたびに、増え続けるシミやしわを見つけ、人生の年輪を感じることも多い。

それでも、老いた自分と仲よく、朝晩、必ず鏡で自分の現実を確かめる。

そして、「老いの心のケアは、鏡には頼らず、癒《いや》す方法を自分で見つけること」と、言い聞かせています。

## 少しずつ手放していく

突然の深い悲しみは、寂寥感《せきりょうかん》と喪失感が繰り返し押し寄せ、身の置きどころがないほど苦しいものです。

身内や友の不幸、永遠のつらい別れ。

老いることは、喜びより悲しみが重なることが多いもの。

それが人生なのかもしれません。


もちろん、そういったときには、寄りそってくれる人がいる場合もあるでしょう。

ただ、他人のどんな慰《なぐさ》めの言葉もなかなか立ち直る力にはならず、自分で何とか消化するしか方法が見つからないこともあります。

私の経験でも、最愛の夫が亡くなって嘆《なげ》き悲しんでいたときは、じっと時間を仲間に引き込みながら、自力でなんとか生きていく勇気を振り絞るしかないこともありました。

人の悲しみは、涙を流しながら自分の心の中で時間をかけ、小さく風化させるしかないのかもしれません。


とはいえ、いつまでも悲しみに浸《ひた》り、悲嘆に暮れていると、だんだんまわりも暗くなり、自分自身も疲れ果ててしまう。

不器用でも、自分なりのあきらめる潮時を持つことも大事なこと。

あきらめて手放すことは、人間に備わった大切な知恵です。

時間はかかりますが、少しずつ心に負担をかけずに、無理をしないで時を待つ。

どんな方法でも、自分なりに納得し、あきらめがつけば、心に平安が生まれ、そこから明日への生きる一歩を踏み出す勇気が出てくるものです。


年を重ねると、悲しみの経験が増えてくる。

でも、これまでのどんな悲哀《ひあい》も怒りも苦悩も、時の力で風化させられるのだとわかってきます。

だから、喜びや怒り、悲しみは、その都度、明日への生きるエネルギーに変えてしまう。

深い悲しみは、時間をかけて少しずつ心に問いかけながら、納得させていく。

そうやって、人のよき年輪は増していくものなのかもしれません。

## クワイエット アワー（静寂時間）

「クワイエット アワー」

今、関心が集まっていると聞きます。

アメリカでは静かに注目され、ブームになっているこの言葉。もともとは、聴覚障害や感覚障害の人のために考えられた試みだそうです。職場やお店などいろいろなところで、クワイエット アワーを1時間ほど設けて、音楽も放送も音のするものは何も流さないのだとか。

日本でも、最近は、薬局のチェーン店や水族館でこの時間を設けたところ、一般の人にもかなり好評らしい。

水族館のイルカのショーで、音楽や説明など音の出るものをほとんどなくし、静寂の中でイルカの演技を見る。

すると、音のない静かな環境の中で、今までと違う感覚でショーが楽しめるというのです。

たしかに、特に都会に暮らしていると、日常生活には音が充満している。

騒《さわ》がしい音が街に溢れ、健常者でも耳障りに感じることも多くなりました。

先日、京都の嵐山《あらしやま》でトロッコ電車に乗ったとき、説明のアナウンスが過剰なほどうるさく感じられた。

カスタマーサービスの熱心な〝おもてなし〟の気持ちはわかりますが……。

「静かにまわりの景色に浸りたいのに……」とポロッと口に出すと、隣の知らない初老の男性も「まったくそのとおり」と笑いながらうなずいていました。

非日常の静かさを求めて、人は一人で旅に出る。

異郷の地で、ただ静かに過ごしてみたい。

自分自身と向き合ってみたい。

静けさの中では、一瞬、どんな気がかりも脳裏から消え、苦しみもなくなる。

そういった心地よさを味わいたいために、トロッコ電車やアジサイ電車に乗っているのに。

そう思うと、旅情ではない場面でも、大きく響き渡る余分なノイズは、ときにはカットして、静寂な時間を自分のためにつくることが大事なのだと改めて感じたものです。

自分の内側に意識を向けることで、漫然と流れ過ぎてしまいがちな人生の時間を自分の心に取り戻す。

情報や雑音の多い時代だからこそ、静けさの中で、心の豊かさを思い起こすことができるのです。

2章

# ムダに見えることをやってみる

## ビルの屋上の家庭菜園

コロナ禍の日々、私は都心の高層ビルの屋上で家庭菜園をはじめました。

まわりからは「お金がかかる家庭菜園を自分でやらなくても、そのお金でデパ地下の野菜を買ったほうが安くない？」と不評です。


でも、インスタントにいい野菜を買うことが、私の目的ではない。

多くの人は〝ムダ〟なことだと思うかもしれないが、〝ムダ〟に見えたとしても、私がやりたいことを手間暇かけてすることに意味がある。

他人がどう思おうと、自分がやりたいこと・できることは、決して〝ムダ〟なことではないのです。


年を重ねると、何もしていないと変化のない予定調和の毎日が増えます。

そうならないために、時間にゆとりができはじめた今、この一刻《ひととき》を大切にしたい。

体力のまだある健康な今こそ、以前からの念願だった野菜づくりに挑戦するのです。

自宅での小さな菜園も頭をよぎりましたが、そうしなかったのは、私が通う家庭菜園にはスタッフの人がいて、野菜づくりのノウハウを教わることができるから。

他人の目が入らない自己流の野菜づくりより、他人から新しいことを教わるほうが、喜びがある。

シニアにとって、新たなことにチャレンジするのは、面倒だと思うかもしれません。

ただ、実際にやってみると、家でゴロゴロしているより、喜びや楽しみが勝《まさ》るもの。

「そんなことはムダ」とばかりに、マンネリの中で変わらない毎日を生きるほうが、貴重な人生の時間を損失していることになる。

みなさんも、まわりからは〝ムダ〟に見えたとしても、自分がやりたいことを、自信を持ってしてみませんか。

## 小さな一歩を踏み出そう

まずは、行動する。

前述の野菜づくりもそう。

そうすれば、必ず、新しい何かの発見があるものです。

新しいことに関心を持つことは、自分に刺激を与え、高齢となって衰えてきた脳の活性化にも役に立ちそうです。

イキイキした脳の状態は、身体と心の若さを保つためにも、大切なことかもしれません。

これまでの人生経験にこだわり、「こうしていれば……」「ああすれば、よかった」ととらわれたり、前へ進むことを恐れたりする必要はない。

常に、一歩前に、新しい何かに挑戦していく。

若いときとは違い、一歩目は小さく、二歩目以降は少しずつ。

身の丈と年の功に応じて。

たとえ、小さな一歩でも、適度な緊張感が生まれることが、生活の中のいい刺激となっていきます。

迷いながら、まず小さな一歩を、踏み出してみることです。

## 自分を動かすための工夫

もちろん、「小さな一歩を踏み出そう」と思っても、なかなか現実には難しい。

年を重ねると、「何もしたくない」と思うこともあるし、それを受け入れることも大切です。ただ、それだけでは日々に活気や彩りは増えていかないもの。

だから、ときには、老体に鞭《むち》打つことも必要かもしれません。

それも、自然でやさしい〝鞭〟を。

ちなみに私も、自分なりの〝鞭〟を、いろいろと用意しています。

たとえば、書きたい気持ちが起こらないけれど、どうしても一筆書かなくてはいけないとき、まずは何でもいいから鉛筆を握る。

そして、9×9などの正方形のマスに数字を入れるパズルゲーム「ナンバープレイス」、いわゆる「ナンプレ（数独）」の本を開くことにしている。

すると、難解な数字選びに思考を巡《めぐ》らせているうちに、脳が働きはじめ、書く作業が億劫《おっくう》でなくなるから不思議なものです。


さらに、そばにはピアノやフルートを置き、気が向けばいつでも触れられるようにしているので、下手な音なら簡単に出すこともできる。

最近は、そこにデンマークの雑貨屋で500円程度で売っていた、小さなハーモニカも仲間入り。

パソコン作業に疲れたら、気軽に手にとって何か音を出してみると、疲れが癒されていくのです。


「心は、必ず、事に触れて来る」

私は、怠《なま》けた老体を働かせたくなるとき、いつも『徒然草《つれづれぐさ》』のこの一節を思い出します。

この一節は、「筆を執《と》れば物書かれ、楽器を取れば音を立てんと思ふ。盃《さかずき》を取れば酒を思ひ、賽《さい》を取れば攤打《だう》たん事を思ふ」という文のあとにくるもの。

要は、筆を執るから物が書きたくなる、楽器を持つから音を奏でたくなる……というように〝心は必ず物事に触れることによって動くものだ〟という意味です（お酒と博打《ばくち》は余分ですが）。

だからこそ、何か行動を起こす源となるきっかけを、やさしい〝鞭〟として手の届く場所に置いておくことが大切なのです。

ただ、一つ要注意なのは、このとき何に触れるかが重要だということ。

そこで、テレビドラマに夢中になりすぎ、怠惰《たいだ》な時間を過ごしてしまうような〝よからぬ戯《たわむ》れ〟をしないように、リモコンなどは簡単には手の届かないところに置くことにしています。

ついでながら、好きなワインも、出すのが面倒な場所に――。

## 試験と緊張感

知見を広げたいと、60代の半ばを過ぎたとき、小型船舶を操縦するための国家試験に挑戦しました！

「この年齢で、女性が操縦試験に挑戦するのははじめて」

役人上がりの試験官は、エントリー用紙と私の顔を交互に見ながら、そうつぶやいていました。

一応、国家試験。

襟《えり》を正して臨み、猛勉強の甲斐もあって、筆記テストはなんとか満点の成績でクリアできましたが、東京湾での実技操縦試験はぶっつけ本番です。

しかも、自動車免許のように仮免許はないので、落ちればお金をかけて、海の上で再度練習をしなければなりません。

そんな緊張の中で迎えた試験当日は、風もなく穏やかな天候に恵まれ、鬼のような！

教官に叱《しか》り飛ばされながらも、なんとかパスして無事に合格。

これも傍から見れば、「そんなムダなこと……」と思われるかもしれませんが、やりたいと思ったから、後先を考えすぎずに〝あるがまま〟にチャレンジ。それでいい。年を重ねた老人パワーほど、全開すると怖いものはないのです。

## 一つのきっかけから興味を広げる

そんな小型船舶の免許を取得してから、天気に対する関心がグーンと深まりました。というのも、船の操縦は海という大自然を相手にする作業だから。

もともと自然大好きの私でしたが、さらに、毎日の空模様や風の向きを気にするようになったのです。

思い返せば、かつて、住んだことのあるドイツは、年中気候が不安定。

一日の中でも、まるで猫の目のように天気がクルクルと変わる。

朝の明るい日差しに安心しても、数時間後には霧《きり》のような雨が降り出す。

大げさに言うと、酷寒《こっかん》の冬以外は、一日に四季があるよう。

そうした土地柄からくる、ドイツ人の天気に関する知識の深さには、感心したものでした。

まず、自宅に湿度計や風力計まで備え、テレビなどのお天気お姉さんやお兄さんの話を参考にしながら、自分の体感と実際の天気をすり合わせて経験を深めていくのです。

そして、温度や湿度、雲の状態などを比べて、いつしか「明日は雪に変わりそう」と言い当てたりする。

さらには、行動予定はもちろん、家事や料理の参考にもする。「暖かくて湿気の多い日は、窓のガラス磨きにいいし、パンの発酵にもいい」という具合に。

そんなドイツの人たちの記憶がよみがえり、私も自己流の天気予報を意識してみることが多くなった。

たとえば、私の髪は一見ストレートなのですが、美容師さんに言わせると、まっすぐな髪が8割、残りはくせ毛らしい。

だから、湿度が高くなると、くせ毛がダンスをして、まとまりがつかなくなる。

そんなことからも、気温が高めで髪の毛がまとまらないと感じるときは、翌日から雨模様になる確率が高いと、予測できるように。


最近は、世界中が異常気象や温暖化で、予想もしない竜巻や突風、山火事が起こり、都心でも大きな雹《ひょう》や霰《あられ》が降って、建物や車に被害を及ぼすことが少なくない。

最新のコンピュータを駆使した天気予報であっても、地震同様、予測できない現象が起こったりする。


一方、農業や漁業において、山の雲の流れや種類、それに海の凪《なぎ》や時化《しけ》など、昔の人と同様にじっくりと観察することが見直されはじめているのだとか。

そんな状況に照らしてみると、最新鋭の機械に頼りきりにならず、昔の人のように、自分で自然への関心を深めることを忘れてはいけないのかもしれない。

なにより、経験や古くからの知恵を活用しながら、日々の暮らしに自己流の天気予報を役立てられたら、楽しくなりませんか？

ちょっと先の天気模様を言い当てられたら嬉しいものですし、ドイツ人のように、天候に左右されずに、今日の天気を〝あるがまま〟に自分で楽しめたら、漫然と過ぎ去っていく一日一日を、しっかりとかみしめることができそう。

時間にゆとりのある老後の暮らしの中で、日々の充実感も増していくはずです。

## 空を見る

最近は何かあると空を見ていることが多くなりました。

老いていく年も忘れ、大空に解き放たれた身体は、この世のがんじがらめの拘束を外れて、何も考えない、何も知らない、すべて関係ない無生物になる。

こんなとき、心も身体も果てしなく自由になれるような気がするのです。


寝転んで夜の星空を眺めてみるのもいい。

できれば、夏の夜。

森の家の広いデッキに仰向けに寝そべって、途方もない星空の広がりを眺めていると、なぜか鳥肌が立ってくる。

何光年も前の星が輝いている広い夜空に押しつぶされそうになりながら、限りあるちっぽけな我が命に気づき、今この一瞬の大切さを改めて思う。

1977年に打ち上げられた無人宇宙探査機ボイジャー1号が、今では地球から235億km以上離れた宇宙空間を時速6万kmでさらに遠くへ旅を続けているなんて。

そう考えただけでも、気が遠くなる。

人類の想像をはるかに超える壮大な宇宙に思いを馳せると、地球上のすべてがちっぽけなものに見えてくるのです。

自分たちの日常の中にある争いや憎しみがなんとちっぽけで恥ずべきことなのか、一人ひとりの小さな一生をもっと大切にしなければ、とみんなが夜空を見上げることで気づく人が少しでも増えたら……。

時間がないとか、面倒くさいとか、そんな心の声が湧き上がっても、ただ童心に帰って空を見る。

壮大な宇宙に1時間くらい全身全霊で思いを馳せたあとは、新しく生まれ変わったような気になれるものです。

## ハンモックの楽しみ

昨年の夏、ハンモックを手に入れました。

外国映画で、絶望に打ちひしがれた若い主人公が、森の木陰《こかげ》のハンモックに身をゆだねて揺れているシーンが気持ちよさそうだったから。

一目で気に入り、ほしくなったのです。

とはいえ、木の間にセットするものは危険でダメ、大きいものは扱いが複雑そうでダメ、ネットの底がマットで固定されたものも自由がなくてダメ。

技術がいらず、やや不安定で、原始的で、素朴なものを……と探しに探した。

そして、やっと、仰向けになった身体をミノムシのようにすっぽりと包んでくれる本物のハンモックを「これ！」と見つけ出した。

もちろん、値段もリーズナブル。

日々積み立ててきた500円玉貯金で無理なく買える。

これも傍からは、ムダなことに見えるのかもしれないが、「こんなハンモックに身をゆだねたい！」と時間をかけて探すのは、楽しいもの。

そんな探索の日々は、時間もかかるが、心も喜び、その思いはやがて岩をも通す。


慣れるまでは危なっかしく、不安定なハンモックに身体を収めるのはコツがいる。

両足を広げ、ゆっくりとお尻から体重をかけ、そのまま腰を下ろす。

やみくもに動かさないで、あとはゆったりと身を任せる。

そうするうちに、何のことはない、身体をハンモックの動きに自然に合わせて収めればいいのだと気づいた。


ハンモックに収まり、身体をゆらゆらさせていると、落ちるかもしれない不安を感じながらも、心はのびのびと解放されて、不思議な気持ちになってくる。

不安定と同居する安定。

不安を解消するための安心への備え。
そのためのバランスをとりながら、ハンモックに収まる快感。
危険と安全、不安と安心、不安定と安定、幸福と不幸、世の中はすべてが隣り合わせ。
それらをうまく上手に乗り切るためのしなやかなバランス感覚も持つ。
下手でもいい、自分ならではのコツをつかむ。
それこそ、人生に必要なものではないかしら。

ハンモックに、ゆらゆら老身をゆだねていると、人生のあらゆることから身を守る〝バランス感覚〟を練習しているような不思議な感覚が生まれてくるものです。

## 答えを急がない

インターネットが一般的になりはじめたころ、若いスタッフに調べ物を依頼すると、パソコンで調べて瞬時に答えを持ってきたのに驚き、便利な世の中になったものだな、と感心したものでした。

でも、このままでいいのかと老婆心ながら行く末を案じ、単純には喜べなかったような気持ちも覚えている。

時は経ち、その際に感じた、行く末に対するそこはかとない心配は、ますます強まってきているように感じます。

何でもすぐわかる〝ファスト教養〟は、すぐ忘れてしまうもの。

自分自身という人間は、一向に豊かになってはいかない。

一方、自分でコツコツと研鑽《けんさん》を積んで手に入れる〝スロー教養〟は、たしかに回り道で時間がかかる。ムダなことも多い。

ただ、その過程で流した汗が、血となり肉となり、自分自身を人間として深めてくれる気がするのです。

最近、下手なピアノをポロンポロンと弾きながら、ふと思いを巡らすことがあります。

ベートーベンもモーツァルトも、幼いころからのちゃんとした研鑽を積んできた時間があり、コツコツと作曲の作業に取り組んだ結果として、天才的な名曲を生み出せたのだなと。

そう思うと、何でもすぐに答えらしきものが出てしまう現代は、人の成熟という観点から見ると、なんだか薄っぺらく感じられてしまうのです。

どんな天才でも、最初は下手だと言われた人も多いことでしょう。

けれども、コツコツと稽古《けいこ》を重ねていったからこそ、その道の大家《たいか》となったのです。

それを思うと、人生の総仕上げにかかる70代の私としても、ショートカットで答えらしきものをインターネットから手に入れるのではなく、じっくりと自分なりの答えを見つけていきたい。

私の〝コツコツ精神〟は、才能豊かな偉人たちの足元にも及びませんが、凡人であることを自覚しながら、大切に日々を生きていくために必要な心の掟《おきて》なのです。

## ひとり時間

ワイワイ、ガヤガヤ、とにぎやかに集《つど》うのもたまにはいいけれど、若いころと違い、年を重ねるとひとり静かに過ごすほうが気楽なときも。

そういえば、最近の旅に関する記事では、ひとり旅の企画が好評だとか。

これまでは、おふたり様以上でないと受け入れていなかった宿も〝おひとり様歓迎〟を宣伝文句にするようになったらしい。

これはコロナ禍による不況から生まれた苦肉の策でしょうが、客の側としては、ひとりでも気軽に泊まれる宿が増えて喜ばしいこと。

ひとり旅なら、誰にも気兼ねなく好きな場所を訪ね、いつでもゆっくりお湯に浸《つ》かり、自分が気に入ったおいしいものを食べ、静かで豊かな時間を過ごせますもの。

ただ、ひとり遊びというのは、精神的にも経済的にも自立していなくては、その楽しみを享受《きょうじゅ》できないという面もあります。

というのも、他人に依存した生活に慣れてきってしまっていると、ひとりになったときに何をしていいかわからず、寂しい、侘《わび》しいとなってしまうから。

だから70代こそ、率先して自分が主人公となることを意識し、孤独を「寂しさ」ではなく「大人の味わい」として、昇華させていく心構えが大切なのです。

先日、早朝の都心のホテルで、ひとりで優雅に食事する80代くらいのご婦人を見かけました。

地味な服装にもセンスがあり、仕草も品があって、ひとりでの外食にかなり慣れている様子。その姿は、さながらアガサ・クリスティの小説の主人公のミス・マープルを連想したほど。

私自身、亡き夫と夫婦そろっての外食の機会が多かったので、まだまだ外でのひとりごはんは、まわりが気になってしまい、慣れない。

とはいえ、そろそろ、ミス・マープルのように、ひとりで優雅においしいものを食べる練習をしていきたいと思っている。

誰でも、いずれはひとりになる高齢社会。

ひとりの時間をどう楽しむか。

それが70代の日々を豊かなものとするうえで、大きな鍵となるのです。

# 「ヌルボック」のススメ

ここまで、ムダに思えるかもしれないけれど、何かをしてみることの大切さを話しました。

ただ、年を重ねれば、どうしたって「何もしたくない」「元気が出ない」、そんな気持ちになるシーンが増えてしまうことはある。

もちろん、年のせいだけではなく、世界が暗くて長い〝コロナ・トンネル〟の中からなかなか抜け出しきれずにいることも原因かもしれません。

ここ数年、若い世代以上に用心深い行動を強《し》いられましたし、それによって心も身体もかなり疲弊《ひへい》してしまったような気がします。

では、そんなときは――。

私は「ヌルボック！」と叫んで心と身体をゆるめ、気持ちが上向いてくるまで、あえて何もしないことを決め込みます。

この「ヌルボック」という言葉は、ドイツに住んでいたころに覚えた〝やる気なし〟

という意味の俗語。

「ヌル」はゼロ、「ボック」は雄ヤギで、やる気のないヤギという意味。

自分をゆるめて甘やかすのに便利で、語感もいいので、おまじないのように口にすることでなんだか元気が出るような気もする。

ドイツ語なので、誰にもわからないから、思いきり叫べるのもいい。


若いころは、数日徹夜をしても、好きなものをお腹いっぱい食べて一晩寝れば、すっきりと元気を取り戻せたもの。

でも、70代ともなると、不意になんだかだらだらした疲れが出て、なかなかとれないことがある。

そんなときには、大きく「ヌルボック！」と叫び、自分を甘えさせてみることも必要。

そのうちに、無理をせずとも自然と次のやる気が湧いてきたら、また一見ムダに思えるようなことにちょこちょこと手を出してみながら、自分の人生が膠着《こうちゃく》しないよう、揺り動かしていくことを楽しんでいけばいいのです。

# 3章

# お金との健康的な付き合い方

## お金に執着しない

人生も後半に差しかかると、老後の生活不安が頭をよぎります。とはいえ、自分の手持ちのお金がどれぐらいなのかと、守ることばかりに意識を合わせすぎると、お金への執着が生まれる。

「年金が足りない！」と不安になり、遺産の取り合いをしては金欲を恥ずかしげもなく露《あら》わにしてしまう。

そんな老後では、たとえ多少の財産を得られたところで、なんだか虚《むな》しくなってしまいませんか。

もちろん、お金は生きていくためには不可欠なもの。

しかし、あの世にまで持っていくことはできません。

残された貴重な老年の時間を考えたとき、お金に執着するよりも大切なことがあるはず。

私自身の経験でいえば、30数年前、それまで勤めていた大手企業をやめ、あてのない夢だけを頼りに、小さな掃除代行サービスの会社を立ち上げましたが、当時はそうしたサービスもほとんどなく、成功する保証などありませんでした。

それまでに蓄えていた貯金もあっという間に消え、「何とかなる」という気持ちだけが残ったのです。

ただ、お金はないけれど夢だけは大きくあり、遅咲きの青春を謳歌《おうか》した毎日は、なんと光り輝いて充実していたことか。

そうした実体験からも〝お金は使うことではじめて生きるもの〟ということを学んだのです。

私は、お金を貯め込むことに必死になるのではなく、そのときどきで〝生きたお金〟として使いたい。今を楽しむために。

もちろん、無鉄砲にお金を使えばいい、浪費していい、ということではありません。

でも、収入と支出のバランスを意識したうえでなら、使うときには必要に応じて使えばいい。

本来、お金は貯めるために存在するものではありません。

身の丈に合った使い方をすることで、人生を輝かせてくれるものなのです。

## お金をメンタルの基準にしない

あるとき、若い女性が「将来が不安なので少しでも貯金をしなくては……」と言っているのを耳にしました。

シニア世代の人が言うならまだしも、若者はお金の不安より、もっと、世のため、人のため、自分のために考え、為《な》すことがあるでしょうに。

心の中でそうつぶやきながら、私の若いころは貯金なんて思いもつかなかったのに、と老婆心ながら、ちょっとムカッときてしまったものでした。

そもそも、関心を呼ぶからと、老後不安を執拗《しつよう》に煽り立てるマスコミも悪い。

世の中は無責任なことが多すぎるように思えてなりません。

そんな私自身は、お金の不安というものは、とらえ方一つでどうにでもなるものだと思っています。

お金に執着することの他に、人生には大事なことがあるのですから。

上手な経営とは言えず、儲《もう》からないビジネスですが、それでも長年会社を無事経営してきたことで、お金に対する考えも大きく変わりました。

お金があることが幸せとイコールではない、と。

お金の多い少ないをメンタルの基準にしない、反応しない、と決めたことで、お金がないときでも平穏な気持ちを保てるようになったのです。

お金は生きていくために必要で大切ですが、たくさんなくても、そこそこでいい。

生活において背伸びをする必要もない。

欲をいえば、そこにちょっとでもいいから、自分で稼げるという経済的な自立があれば、なお言うことなし。

お金への不安から解放されたとき、お金から自由になることができ、そこには本当の意味での〝人生の自立〟が生まれるのです。

## お金は借りない、貸さない

お金は現実です。

一時の同情で貸してはいけない。

貸すなら戻ってこないことを前提として、あげたつもりで身の丈の額を渡す。

それこそが、人間同士の損得のないリアルな友情であり、懐の深さでしょう。

銀行も信用できないものですが、その銀行がお金を貸さない人に、たとえ友人や学生時代の同級生といえども、過度に安心や信頼をしてはいけない。


30数年前、家を購入した際、引っ越しの挨拶に伺うと、隣人からいきなり「こちらは家を出ることになって」と言われ、驚いたことがありました。

聞いたほうもびっくりしましたが、初対面の私にまでボヤきたかったほど、きっと悔しい思いをしていたのでしょう。

なんと事業が倒産し、抵当に入っていた家が銀行に差し押さえられたらしい。

銀行は、晴れた日には傘を貸し、雨の日には傘を奪う、と嘆く。

数日後、「また帰ってきますよ」と隣人は出ていったが、その後どうなったのかはわからない。

家は取り壊され、跡地には別の人が新たな家を建てて住んでいる。


お金にはそういうシビアな面もある。安易に貸し借りはしない。

他人とは「心の関係は甘くやさしく、お金の関係は冷たく厳しく」と決めて流されないことが、健康的な付き合い方として大切です。

## 貸すなら、あげるつもりで

私は、住宅ローン以外ではお金を借りたことはないし、ましてや貸さない。

亡き父から、「お金を貸すときはあげるつもりで」と言われ続けて育った。

長く続いている友人たちとの間でも、お金の関係でのつながりは一切なし。

かつて、学生時代の同級生が、事業に失敗して自己破産し、何千万円ものお金を「貸して」とやってきたことがあったが、情にほだされずきっぱりと断った。

その代わり、ホテルのレストランで高級料理をごちそうした。

またここで食事ができるように頑張って、という意味を込めて。

聞くところによると、この同級生の男友達の中には、かわいそうだと思って10万円、20万円と貸した人もいたらしい。

結局、貸したお金は戻ってくることはなく、「だまされた」「裏切られた」と友情にひびが入り、「あいつとは絶交！」と彼らの仲間意識は壊れた茶碗のように粉々になってしまったと聞く。

でも、私は、「大人げないおじさんたちね」と、貸したほうにも借りたほうにも、同情したり味方したりする気にはなれませんでした。

借金で音信不通になった同級生の彼は、学生時代から「大金を稼ぐ」と大ボラを吹き、お金にルーズな危ない男だったが、近くにいた友人たちは見抜けなかったらしい。

老年の友情は、見栄や体裁も入り込んでいるところもあり、軽い気持ちや甘いロマンで行動すると、痛い目にあう。

あげたつもりなら、あとから「返せ！」と腹も立たず、古い友情も壊れない。

いざお金を貸すのであれば、そこまでの心の広さが必要なのかもしれません。

## 現金主義&無借金主義

小さいながらも経営者としての日々を重ねながら、ときに借金をつくって窮《きゅう》してしまう人たちを見聞きしていたこともあり、私にとってお金は〝いつでも自分の身の丈に合った付き合い方が一番〟というのが大原則としてある。

かつて、会社が軌道に乗りはじめたときにも、「お金を借りて事業をもっと伸ばしてはどうです？」と銀行の支店長から熱心に勧められたものでしたが、きっぱりと断りました。

「ここで会社をもっと大きくするチャンスなのにやり方が下手ですね」

そのとき経営能力がないような言い方をされたが、愚鈍《ぐどん》な私は耳を貸さなかった。

その後、バブルが石鹼《せっけん》の泡のようにはじけ、知り合いの会社は軒並み倒産した。

拝金主義ではないが、現金主義で無借金主義。

銀行からはじめて借りた住宅ローンは3年半で完済し、身の丈に合わせた事業をやってきたので、会社の借金も個人での借り入れもない。自分の給料から会社にお金を貸すことがあっても、利息はおろか返済を求めたこともない。

実体のないお金をあてにするのではなく、手元にあるお金をどうやりくりしていくか。顧問税理士からは「うちは〝沖バンク〟があるから」と冷やかされるが、必要があればすぐ用立てられるように、との思いでいつも現金を用意している。

この精神は、経営だけでなく、生活においても同じこと。

現金主義は自分の現実の財力以上のものが買えないので、慎《つつ》ましい暮らしの象徴になる。

カードに頼って借金ばかりを繰り返す人は、派手な生活をしていても、上手な暮らしとは言えない。

借金上手は、結局自分の首を絞め、他人にも迷惑をかけ、友情も壊れることになってしまう。それまで築いてきた、人としての信頼までも。

あるがままに、身軽で楽しい老後を送るためにも、身の丈を意識した現金主義かつ無借金主義が大切な気がします。

## 便利なカードに慣れすぎない

先程からの話のように、現金主義の私は、アナログ人間と言われることを承知で、クレジットカードやスマートフォンの決済、電子マネーや仮想通貨といったものは、本物のお金ではないと思っている。

先日も、薬局で現金を支払う私は、「タッチするだけの便利な支払い方法がありますよ」と店員さんに言われた。

たしかに、現金を持ち歩かなくてもいい点は高齢者としては安心だし、店員さんとしてもお釣りの計算など面倒な作業から解放されるのでしょう。

現代を生きる者としては、できるだけ文明の利器を取り入れ、手間や面倒をなくし、便利で快適に暮らしたい――という気持ちもわからないではありません。

しかし、私としては、古いと言われても、手で触れて、実感を持ってお金を扱いたい。

実際の形を持たないバーチャルなお金では、身をもって確かめることができないのです。

いくらデジタルな時代でも、私はロボットではないのだから、やはり生身の自分としては財布の中身を考えながら、行動したい。

そうすることで脳が活性化され、老化防止や認知機能維持にもいいのだから。

買い物に出かけるときにしても、何を買うかで自分の財布の中に必要なお金だけ入れておけば、大金を持ち歩く心配もなく、自分の日常の行動パターンにかかる費用、たとえば食料品ならいくら、日用品ならいくら、という目安がわかってくる。

財布にある現金と相談しながら買い物をすれば、不必要な商品は買わなくなるものです。

店のレジで現金を出し、もたもたしていると、最近は〝時代遅れの老婆〟と、店員さんや後ろに並んでいる若者に嫌な顔をされることもあります。

ですから、あとに人が並んでいないかに気を配り、できるだけ手早く行動するよう心がける。

ときどき自分の動作をチェックし、背中が曲がり、動作がのろのろと緩慢《かんまん》にならないよう、姿勢を正す。

ただ、やっぱりお金を使っている実感を持つためにも、現金を使い続けたい。

老婆心ながら、電子マネー中毒の若者には、カードやスマホ決済は〝夢想のお金〟だと言っておきたい。

使うなら、現実と夢の世界がわからなくならないように、自分をしっかりコントロールし、思わぬ使いすぎやローン地獄にはくれぐれも気をつけて、と声かけしたくなる。

便利でも、カードなどによる無意識の借金に慣れた世界は、怖いのだから。

## 不必要なものを買わないメリット

現金主義を心がけることのメリットは、お金に好かれる暮らし方につながるところにもあります。

というのも、不必要なものが多い暮らしは、お金が逃げていくから。

物を買うために使ったお金は、特別な価値のあるアンティーク品は別にして、やがてガラクタに変身し、快適な暮らしを妨《さまた》げるシンボルになってしまいます。

そして、いつか使うだろう、もったいないからとっておこう、という物の多くは箪笥《たんす》の肥やしになり、やがてあることすら忘却の彼方《かなた》へいってしまうことも。

物は持っているだけでも、手入れの手間や場所が必要になり、維持のために余分なお金がかかることにもなる。

それだけ、知らず知らずのうちに、お金も、心も、場所も、浪費しているのです。

一度にすべてのものをなくすことは、心に寂しさを連れてくることもあるので、一気に捨てることをオススメはしていません。

ただ、たくさん物を所有している人は、心の整理がついたら、できれば〝1日1個〟を目標に、物を減らしていく努力をしてみるのもいいかも。

## お金に依存しない

ある70代の女性を知る人から、聞いた話。

その女性は、親から相続した都会の小さな敷地にこだわって家を建て、独身の娘たちと一緒に暮らしているそうです。

ただ、都会とはいっても家のまわりには飲食店や一杯飲み屋。空気も治安も悪く、老年にとっては健康的とは言いがたい環境。

その立地に、自己資金ではなく、建物に数千万円の担保をつけて、国民年金のみの収入の中、独身の娘と共同名義のローンを抱えているという。

そして、今は30数年前に別れた前夫の遺留分を持つ娘の権利を盾《たて》に、裁判で1円でも多く手に入れることに躍起《やっき》になっているらしい。

かつては親の庇護《ひご》のもと養育費と児童手当をあてにし、老後は年金と子どもたちを頼って都会暮らしに固執し、今度は前夫の遺留分を必死で計算する病的な姿を見て、余計なお世話ではあるが、周囲の人たちは「そこまでやるの」と、眉《まゆ》をひそめているそうだ。

老人が過度にお金に固執してしまうと、心豊かな生活とはほど遠く、寂しい人生になってしまう。最近、彼女は心を病んでしまい、病院通いがはじまったらしい。

その一方で、仕事をやめ、田舎暮らしをはじめた70代の男性の知人もいます。もともと、彼は都会のマンションで暮らし、近くで畑を借りて野菜をつくっていたのですが、森の中への移住を機会に本格的に農業をはじめたらしい。

だらだらと深夜まで起きていた都会での暮らしとは違い、夜は9時になると就寝し、朝は4時に起きるようになったという。

そんな生活を、本人は「健康農耕生活です」と笑う。

薪《まき》割りや畑仕事、さらに山菜採《と》りなどで森を歩いているので、わざわざ散歩を日課にする必要もなく、運動不足も自然と解消。

万歩計を何度も見ながらキリキリ生きていた都会暮らしと違い、意識しなくても毎日3万歩以上は軽い、と得意げに言う。

さらに、以前は血圧が高く、糖尿病予備軍だったらしいが、先日の健康チェックでは担当の医師が「どうしたの⁉」と驚くぐらい、すべての項目をクリアしたという。

自然に触れながら暮らしているほうが、都会暮らしよりも、結果的に余計なお金がかからない。

先程の自然暮らしの彼も、かつては夜のネオンが好きだったそうだが、人工的な明かりはチカチカと身体や心にまぶしく、今では薪の燃える明かりのほうが、じんわりとやわらかく癒されるらしい。

新鮮な森の空気は都会よりきれいだし、自給自足に近い生活。お金を使ってストレスを発散したいという思考になりにくいので、年金もほとんど使うことがないのだとか。

のびのびと自然と戯れることは、金銭面の心配などから解放され、心身ともによさそう。

重い病気や深刻な治療の場合は別かもしれませんが、彼の森での生活を聞いていると、人は自然に触れながら暮らすことが、あらゆる面でいいのではないか、と。

なにより、日々移ろいゆく自然を愛《め》でることで、先々への不安ではなく、今を生きることに意識が向いて心が満たされるし、いい空気を吸いながら身体を動かすことで、免疫力も上がって健康体になっていく。

お金に固執してしまった前者の女性も、都会暮らしを選ぶより自然の中で汗していたら、精神を病むことなく前向きな気持ちになり、自分の借金を払うために昔々の前夫の遺留分を争おうという発想にはならなかったのかもしれない。

もちろん、生き方は人それぞれ。多額の借金を背負った不健康な都会暮らしも、心身ともに健康的な自然暮らしも、選択はその人の自由。

とはいえ、普段から、近所の公園でもいいから自然に触れ、風や空気を感じる時間を持つようになると、お金の心配などに心の面積を占領されずに済むようになるかもしれない。

逆をいえば、お金の面も含めて、心が不幸な状態の人の共通点は、自然に背を向けて暮らしていることなのかもしれません。

4章

# 四季に寄りそい、自然に暮らす

## 季節を感じ、今を太くする

お金や健康の話など、さまざまなことで過度に老いの不安を掻《か》き立てられないためにも、自然に触れながら暮らすことが、いいのではないかと思う。

人は、「風が心地いいな」と気持ちよく感じているのと同時に、未来を悩むことなどできないから。自然に触れ、今この瞬間に幸せを感じるときには、先々に対するネガティブな思いは同居できないのです。

とはいえ、いきなり「自然に親しめ」と言われても、普段、都市の中で暮らすことに慣れていると、どう自然に触れるのがいいのか、ただ自然公園や海に行ったとしても、どうやって味わえばいいのか、あまりピンとこないかもしれません。

また、一度や二度、張り切って森の中に足を運んでみたとしても、それがなかなか習慣にはならないかもしれない。

では、日常の中で上手に自然を感じられるには、どうしたらいいか。

それは〝四季〟を意識して暮らしてみることです。

四季というのは、それぞれに季節のイベントごともあり、その瞬間にしかないものなどもたくさんあります。

だから、日々の暮らしの中で四季折々の風や空気、景色を味わうようにすれば、常に新鮮さを失わずに、自然を感じながら、今を大切に生きていくことができるわけです。

最近は、地球温暖化やライフスタイルの変化などもあって、日本人の季節感も薄れてきました。

そんな今だからこそ、暮らしにちょっとした四季を織り込んでみる。

昔から日本の各地に伝わる四季折々の行事や慣習、食の楽しみや古きよき暮らしの知恵など、自分に合うと感じたものを工夫して問い入れてみるのもいいかも。

## お正月は4回ある

実はお正月は、1月に4回もあることをご存じでしょうか？

1日の元旦《がんたん》、15日は小正月《こしょうがつ》、20日は二十日正月《はつかしょうがつ》、そして31日は晦日正月《みそかしょうがつ》。

ちなみに、小正月である1月15日の翌日と、お盆の7月15日の翌日が藪入《やぶい》り。住み込みで働く丁稚《でっち》やお嫁さんが実家に帰れる日でした。

関西の有名な〝丁稚羊羹《ようかん》〟は、丁稚が実家へ帰るときに持たされる土産《みやげ》のお菓子だったというので、その名がついたようです。


子どものころ、小正月に父が上新粉でつくった白やピンクの餅花《もちばな》と呼ばれる団子を、柳の枝にくっつけて、生花のように花瓶に飾っていた懐かしい思い出。

まるで春の花が咲いたように、嬉しくなったことがありました。

今思うと、小正月の別名が、花正月《はなしょうがつ》なのも、なるほどとうなずけます。

## 小寒・大寒

一年を春夏秋冬の四季に分け、さらにそれぞれの季節を六つに分けたものとして、「二十四節気《にじゅうしせっき》」と呼ばれるものがあります。

現在でも、立春《りっしゅん》、春分《しゅんぶん》、夏至《げし》など、季節を表わす言葉として耳なじみのあるものも多いでしょう。

現代の暦《こよみ》の中で一年の最初にやってくる二十四節気、それは1月6日ごろ～1月19日ごろを指す小寒《しょうかん》。

2月4日ごろの立春を基準に数えると二十四節気の中で23番目になります。

この時期に食べる季節のものといえば、1月7日にいただく七草粥《ななくさがゆ》でしょう。春の七草は、せり・なずな・ごぎょう・はこべら・ほとけのざ・すずな・すずしろの七つ。無病息災《むびょうそくさい》を祈って食べたといいます。

ちなみに、季節の挨拶である寒中見舞いは、寒の入りであるこの小寒と、それに続く大寒《だいかん》の時期（1月20日ごろ～2月3日ごろ）のものなので〝寒中〟見舞いといい、寒明けとなる2月4日ごろの立春までに送ります。

寒の入りは寒さが最も厳しくなるころ。地方では、この凍《い》てつく寒さを利用し、酒、味噌《みそ》、凍《こお》り豆腐などの伝統的食品の仕込みがはじまります。

最近では〝最強寒波〟とも呼ばれるような寒さが襲うことがありますから、七草粥やこうした寒仕込みの食品で、寒さに強い身体をつくりたいもの。

## 立春　一年のはじまり

旧暦では、立春の日から一年がスタートします。

現在使われている新暦では、2月4日ごろ~2月18日ごろの時期。

まだまだ寒い日が続くものの、頬《ほお》をなでる冷たい風にもやわらかな春の暖かい日差しが感じられます。

誰もが待ち焦《こ》がれていた春は、自然も人間も歓喜に溢れる季節。

ドイツにいたころ、長くて暗い冬のトンネルから抜け出たような嬉しさで春を迎えたことは、今でも懐かしい思い出。

このころの雪解けの森を歩くのも好きでした。

ここにも、あそこにも、顔を少しずつのぞかせたはじめた野草。

待ちに待った楽しい、摘《つ》み草の季節がやってくるのを思い浮かべながら。

「君がため　春の野に出《い》でて　若菜摘む　我が衣手《ころもで》に　雪は降りつつ」

百人一首の中で光孝《こうこう》天皇が詠《よ》んだ歌です。

口ずさめば、はるか万葉の世界にタイムスリップしたようで、心が穏やかになります。

あなたのために、春の野に出て若菜を摘む私の着物の袖《そで》に、雪が降りかかっています

――旧暦の春は、新暦の今より1カ月遅れて春の若菜摘みがはじまりますが、それでも雪が舞うことがあったようで、春は遠く、まだまだ寒かったのですね。

春の七草でもある野草のせり・なずなは、邪気を払うと言われ、心にも身体にもありがたい、生命力に満ちた自然の恵み。

若菜摘みは、万葉の時代から受け継がれたこの季節ならではの春の楽しみ。

その他にも、ふき・ふきのとう・よもぎ・つくし・たけのこ・うど・わらび。

春を告げる自然の恵みは、天ぷらにするか、春のおひたしにするか、あれこれ想像しながら摘む。面倒なあく抜きが待っていても、それも楽しく、心が躍《おど》るもの。

ちなみに、春の野菜は、わけぎ、からし菜、きょうな、三つ葉、春しいたけ、新キャベツ、かぶ、アスパラガス、カリフラワーなど。

思い浮かべるだけでも、あれこれ料理のレシピが浮かびます。

といっても、春の野菜は、簡単に茹《ゆ》でてあく抜きをし、かつお節と醤油、ちりめんじゃこを混ぜて和《あ》えるだけでおいしい。

健康のために、お酢をちょっと垂らすのも私流。

## 節分とお雛様

私は、節分の翌日、2月4日ごろの立春の朝から、お雛様《ひなさま》を飾ります。

子どものころからずっと、私のお供をしてきてくれた内裏雛《だいりびな》。

ドイツやイギリスまで一緒に旅をした〝戦友〟です。

一年に一度の面会。箱から丁寧に出しながら「元気?」と声をかけ、「男女の位置は左右どっちだっけ?」などとお雛様を飾ると、そこにはもう「春が来た!」。

3月3日の夜には、「また来年！」とお雛様に声をかけながら、ほこりを払い、丁寧に布に包んで箱にしまいます。

その手間は、文字にすると面倒な気がしますが、一つずつ丁寧にお雛様を箱にしまっているうちに、やさしくゆったりとした気持ちに包まれていきます。

いくつになっても、自分のために、雛祭りは祝いたいもの。

## 初午のおいなりさん

1年ごとに干支《えと》があるように、1日ごとにも干支は割り振られており、12日で一巡しますが、2月に入って最初の「午《うま》の日」に行なわれる年中行事は「初午《はつうま》」と呼ばれ、日本全国の稲荷《いなり》神社で縁日が開かれる日になります。

そして、この日に欠かせないのが〝おいなりさん〟のきつね寿司。

その年の豊作や商売繁盛を願って、稲荷神社にきつねの好きな油揚げや団子を供えるのです。

稲荷神社にきつねの石像があるのは、一説には、きつねが野ねずみを食べ、稲荷の神様の使いとして田畑を守ってくれるからだとか。

神社のきつねを指しながら、幼い私に父が教えてくれた話です。

また、「稲《いね》なり」とも言って、稲の豊作を祈り、やがて商売繁盛もお願いするようになったそうです。

故郷では、甘く煮た油揚げに酢飯を詰めたものを〝おいなりさん〟と呼び、父の大好物。2月の寒い日には、母の手づくりの大きな〝おいなりさん〟が食卓に並びました。

我が実家の伝統を受け継いで、その昔、私は夫との最初のデートで手製の〝おいなりさん〟を持参したものですが、その大きさを見て、彼は驚いたそうです。

それまでは、小ぶりの一口サイズのものしか食べたことがなかったらしく、我が家のジャンボいなりを見た途端、どうやって食べるのか心配になったのかもしれません。

以来、「今日はおいなりさんにする?」と聞くと、必ず「小ぶりでお願いします」と夫から注文が入ったもの。懐かしい二人の〝甘い思い出〟です。

# 春の味

郷里の友人から「裏山で採れたから」と皮つきのたけのこが宅配便で届きました。

昨朝に採れた新鮮なたけのこが翌日手に入るなんて、便利な世の中になったものです。

皮つきのものは、あく抜きなどの手間がかかるものの、市販の水煮のたけのことは比べ物にならないほど、新鮮で春の旬の味が心ゆくまで存分に楽しめます。


たっぷりと水を入れた大きな鍋《なべ》に皮ごと入れ、糠《ぬか》あるいは米を一握り、唐辛子を1本入れ、中火でコトコト茹でるだけ。

やわらかくなったら、そのまま冷めるまで浸けておきます。

たけのこは、かつお節と一緒に煮ても、薄く切ってそのまま辛子をつけてお刺身風にしても、おいしくいただける〝春の味〟です。

懐かしい春の香りを口に含んでいると、自然を愛して旬を楽しむ、田舎暮らしの幼なじみたちの幸せそうな笑顔が目に浮かんできます。

## 夏みかんで手づくりマーマレード

夏みかんという名前ですが、実は春先に収穫することが多いものです。冬から早春に収穫して1～2カ月追熟させるケースと、実をつけたまま冬を越して春に収穫するケースがあるようです。

この夏みかん、皮をむけば、部屋中にさわやかな香りが広がります。口に含めば、「おぉー」と声をあげたくなるほどの苦みのある酸味も。砂糖をかけたり、炭酸ソーダにつけたりして食べるのも一案ですが、ジャムにすると保存ができ、パンやヨーグルトのお伴にもなって、朝の食卓の楽しみが増えます。

私流の夏みかんジャムのつくり方を――。

①夏みかんをよく洗ってヘタをとり、皮をむく
②皮を横幅2～3㎜程度に細切りし、水に入れてやわらかくなるまで茹でる
③皮の苦みをとるため、ひと煮立ちしたら茹でこぼすのを2～3回繰り返す

④茹でた皮を、水に1時間程度浸けておく（ここで休んで、ひと晩浸けても構いません）
⑤とっておいた果肉は絞って果汁の状態にし、水からあげた皮と一緒に鍋に入れる
⑥好みの量の砂糖を入れ、弱火にかけてゆるめに煮詰めて完成

ジャムづくりは時間がかかる作業なので、皮のあく抜き作業と、砂糖と一緒に煮詰める作業を分けて考えても大丈夫。気力も体力もかからず、かなりラクになります。

手づくりジャムは、市販のものと比べると手間はかかりますが、中身の安心感もあり、出来上がった際の香りや味は、春の歓びそのものです。

## お花見を楽しむ

花の色、花の散る……。
短歌や俳句で〝花〟と詠めば、桜のこと。
それだけ日本人は桜に、昔から深い思いと結びつきがあるようです。
昔の日本人は、山桜を楽しみ、やがて江戸時代に桜の木を庭に植え、品種改良を繰り

返し、花見の習慣が生まれたのだとか。

潔く散るさまは武士道の心に共感を呼び、花の命の短さは人生の移り変わりと重なったのかもしれません。

桜はいつしか日本人の心のよりどころとなったのです。

我が家の小さな庭にも桜の木がありますが、これはソメイヨシノと山桜のかけ合わせらしい。そういえば、葉が出る前に花が咲くソメイヨシノとは違い、山桜のように花と葉が同時進行。

桜の花が満開のころに緑の葉も出て、ピンクとグリーンの見事な色合いになります。

昔は、花が咲くことを〝笑う〟と言ったそうです。

我が家の桜を見上げる人たちも、「きれい！」と笑顔になってくださっているような気がします。

## 桜餅と春の香り

関西で生まれ育ったこともあり、私にとって桜餅《さくらもち》といえば、餅米でつくった粒《つぶ》の粗いお餅に、粒餡《つぶあん》が入った和菓子のことでした。

ところが、半世紀前、上京してはじめて食べた桜餅は、小麦粉で薄く焼いた皮に、こし餡を包んだもの。

どちらも塩漬けされた桜の葉が、かすかな桜の香りを口元に運んでくれるのは同じですが、所変われば同じ名前でもずいぶんとお菓子の様子も変わるのだな、という印象を持ちました。

今では、関西風の桜餅も、関東風のものも、デパ地下へ行けば手に入るようになりました。

ただ、やっぱり今でも、粒が粗い餅米でつくられた、粒餡入りの桜餅を選んでしまう私です。

## 具だくさん味噌汁で元気！

味噌は、日本人が昔から親しんできた優れた健康的な発酵食品。

疲れたなと思ったら、玉ねぎ、にんじん、大根等々、冷蔵庫内の残り野菜をできるだけ入れて味噌をとくと、十分に出汁《だし》も出て、具だくさんのおいしい味噌汁に。

身体に力をつけたいときは、豚肉や鶏肉を入れると、たんぱく質も補充できる。

海藻類・きのこなども入れれば、植物繊維《せんい》やビタミン類も。

豆腐・油揚げ・納豆の大豆食品もあれば、一層おいしい。

これらをできるだけ多く組み合わせながら、私は野菜類を多めにして肉類は少なめに。

栄養豊かで、飲めば心も身体も隅々まで温まり、健康になれる気がしてきます。

また、私はいつも、白味噌、赤味噌、信州味噌の三種類を常備。

すべて塩分が少なめのものを選び、その日の気分で混ぜる種類や量を変えたりします。

お雑煮は白味噌。味噌汁は普段は白味噌や信州味噌で、気分を変えたいときは赤味噌を少し加えて味のバリエーションを楽しむ。

出汁とりに使った煮干しやかつお節は、そのまま汁ごと食べると、カルシウムの補給にもなります。

具だくさん味噌汁づくりにルールはないので、自分勝手にいろいろ思いついた材料をゲームのように楽しむのもいいかもしれません。

ちなみに、私のとっておきの具だくさん味噌汁を季節別で紹介すると――。

## ●春の具材

芽の出るものは、せり・うど・三つ葉など。三つ葉はセールになっているのを見つけたらザク切りにして、油揚げとベーコンを少々入れると、春の旬の味を楽しめます。

絹さや、えんどう豆、そら豆、新玉ねぎといったものも、思い出すだけで春の香りが漂《ただよ》ってきそう。

新わかめやあさりなどの貝類といった海の幸もあるとおいしい。あさりなどは年中見かけますが、この時期の旬の味は格別なものです。

●夏の具材

なんといっても、なす。さっと煮るとアクが出ないので、うす切りにして入れます。

また、かぼちゃは火が通りやすいので厚切りにし、いんげん、わかめなどと一緒に煮ると、見るからにおいしそうな彩りで食欲が出ます。味噌汁の中で少々煮崩れたかぼちゃでとろみもつき、冷たくしてポタージュ味噌スープのようにしてもおいしい。

●秋の具材

山に夢中になっていた学生のころ、頂上で食べたきのこ汁。その美味はいまだに忘れられません。山に詳しい先輩たちが毒きのこでないものを選んで、鍋に溢れんばかりに入れ、持参した味噌を入れて完成。若いころ、自然に囲まれて食べた味をまねて、デパ地下やスーパーでなるべく香りのよい採れたてを選んでつくります。

また、郷里の友人から届く採れたての里芋もおいしい秋の旬の味。

さっと泥を落とし、鍋で茹で、皮をつるんと向いて、そのまま味噌汁に入れてもよし。ちょっとつぶして入れた里芋も、とろんとした味噌によくなじんでおいしい。晩秋の寒い日など身体がポカポカ温まります。

### ●冬の具材

ごぼう、れんこん、にんじん、大根など、冬の根菜類は何を入れてもおいしく、食べる味噌汁になって、おかずの一品になります。ごぼうはさっと洗うだけで皮つきのままささがきに、にんじん以外は火が通りにくいので、皮のまま薄く切って煮ます。豚肉としょうがの絞り汁を加えると、栄養満点の豚汁に。

また、ぶりの切り身と大根を煮たぶり大根汁、ごま油で野菜と豆腐を炒めたけんちん汁、塩じゃけにちぎった酒粕《さけかす》を少量入れる粕汁は、凍てつく夜にオススメです。

最近は、風邪などに負けない抵抗力をつけるため、にんにくのすりおろしも粕汁に入れ、私流のアレンジも。

## 新茶を味わう

穀雨《こくう》は二十四節気の6番目で、4月20日ごろ～5月5日ごろまでの時期です。

まだ肌寒い日が続くこのころに降る雨は、穀物の成長には欠かせません。

5月の連休が終わるころには、私の森の家の山桜も満開になり、持統《じとう》天皇が「春過ぎて夏来にけらし白妙《しろたへ》の　衣ほすてふ天《あま》の香具山《かぐやま》」と詠んだとおり、自然も人も初夏の装いがはじまります。

そして、お茶の好きな私が待ち望む、夏も近づく八十八夜の新茶の季節に。

立春から数えて八十八夜。今も昔も茶摘みがはじまるころです。

お茶の季節は一年に何度もあるようですが、年の初めに摘まれた一番茶は、なんといっても味も香りも最高。

昔の日本人は、八十八夜のお茶は、不老長寿の縁起物として重宝し、薬を煎《せん》じるような気持ちで新茶を入れ、おいしく味わいながら身体もいたわっていたのです。

一番茶には、冬の間に育まれた薬草のような栄養分がたっぷり。

アミノ酸の一種であるテアニンは、リラックス効果があり、世界的にも注目されればじめ、お茶とハーブなどをミックスした茶葉も健康にいいと高級ホテルでは人気らしい。

私流のおいしい新茶の入れ方は——。

①沸騰したお湯を人数分の湯呑に注ぎ、1分ほど置く
②茶葉を入れた急須に、湯呑のお湯をゆっくりと入れ、30秒から1分ほど蒸らして待つ
③茶葉が開きはじめたら湯呑に注ぎ、最後の一滴まで絞り切る

一煎目は茶葉の香りを楽しみ、二煎目は熱めのお湯をそのまま急須に注ぐと新茶の渋みのあるコクが味わえます。

## 菖蒲湯に癒される

端午《たんご》の節句の5月5日が近づくと、スーパーやデパ地下の店頭には、菖蒲《しょうぶ》の束が並ぶようになります。

見つけると、「今晩のお風呂は菖蒲湯にしよう」とワクワクします。

菖蒲の根は、漢方薬にもなっているほどで、香りとともに疲れた身体をほぐし、疲労回復効果があるといいます。

今ではさまざまな入浴剤が発売され、家で温泉気分を味わえますが、自然の香りいっ

ぱいの菖蒲湯は、古くから伝わる身近な野草を利用したアロマテラピーそのもの。

菖蒲湯に浸かりながら、そういえば端午の節句は、もともとは豊作を祈願する女性のお祭りだったという話があることを思い出します。

今でこそ、田植えの作業は機械がしますが、古代、女性たちの仕事だったのだとか。田植えの時期が近づく端午の節句のころには、田植えをする女性たちは邪気を払うため、五月忌《さつきい》みといって菖蒲を使って身を清め、田植えの安全と豊作を祈ったそうです。

その日は、もしかしたら、男性が家事をしたのかもしれないな、とはるか昔に思いを馳せてみるのも、想像が掻き立てられて楽しいものです。

## 梅酒とらっきょうの甘酢漬け

梅酒用の青い梅が店先に出回るのは、初夏のほんの短い間。

デパ地下や八百屋の店頭で見かけると、なるべく大きい実のものをゲットして、梅酒づくりをはじめます。

私流のおいしい梅酒のつくり方は――。

①梅は傷のないきれいなものを選ぶ
②梅のヘタを楊枝《ようじ》でとる
③よく洗ったあと、水気を拭《ふ》きとる
④広口瓶をきれいに洗って乾燥させ、消毒用エタノールで拭く
⑤殺菌処理をした④の広口瓶に青梅1kg、氷砂糖500g、焼酎1・8ℓを加える
⑥しっかりとフタをし、冷暗所に置いて準備完了

飲みごろは、それから1カ月を過ぎてから。

簡単で、誰でもできる梅酒は、夏の元気を維持する健康保存酒。

我が家には、年代物の自家製梅酒が数本ばかり、琥珀《こはく》色を放っています。

夏の暑い日、ちょっと疲れたな、と感じたら、小さなワイングラスに氷を浮かべ、オンザロックでちびり、といただくのが、ささやかな楽しみ。

最近は、ワインも飲むので、梅酒づくりは隔年ごとに。

そして、我が家では、らっきょうの甘酢漬けも夏のイベント。こちらは今でも毎年。カリカリとした甘酸っぱい食感は、カレーに、サラダに、と使い勝手もよく重宝して食も進み、夏バテ防止にも一役買ってくれます。

私流のらっきょうの甘酢漬けのつくり方は――。

①1kgほどのらっきょうを用意したら、根と茎を切ってよく洗う
②塩水に2〜3日浸す
③らっきょうの薄皮をはぎながら水で洗い、よく水気を切る
④600ccほどのお酢に、ざらめの砂糖120gほどを入れて煮て、冷ましておく
⑤殺菌処理をした広口瓶に③のらっきょうを入れ、④を注ぐ
⑥赤唐辛子を1〜2本加えて密閉すれば完成

冷暗所に置き、1日おきに両手で瓶をゆすって、1カ月後から食べはじめます。

梅酒とらっきょうの甘酢漬けを漬け込むと、我が家のキッチンはすっかり夏模様です。

## 夏至　太陽の季節

6月22日ごろ～7月6日ごろ、二十四節気の10番目。

一年の中で、昼が一番長い日が夏至です。

このころになると、夏が大好きな私は、梅雨明け宣言を今か今かと待ち焦がれます。

この時期の北ドイツも昼の時間が長く、夜の8時ごろまで明るい。さらに北へ行けば太陽がほとんど沈まない白夜《びゃくや》に。

オペラの公演が終わってもまだ夜になりきっていない空のもと、音楽の余韻《よいん》に浸りながら、クラスメートたちと習いたてのドイツ語でしゃべり、近くのバーでワイングラスを傾けたことを懐かしく思い出します。

日本では7月になれば、各地の海開きや山開き。

この数年、大きなイベントはコロナ禍で中止が相次いでいましたが、さて今年の夏はどうなることやら、期待が膨《ふく》らみますね。

## 涼をとる工夫

都会のビルの谷間で子どもたちが打ち水をするイベントが、放映されているのを見かけたことがあります。

昔は、当たり前だった夏を涼しく過ごす暮らしの知恵が、いまやイベントになってニュースのトピックになるほどに。

昭和の中ごろまで、暑い夏の夕方には庭や道端に水を撒《ま》き、涼しさを取り込む工夫は当たり前で日常的な〝家しごと〟でした。

打ち水の習慣は、掃除の際にほこりを立てないための知恵ですが、水を撒き、水蒸気になるときに地上の熱を奪う理論を利用した冷却効果もあるのです。

打ち水は、暑い午後は避け、太陽が沈む夕方が効果的。

今さらながら、自然現象を上手に暮らしに取り入れた日本人の知恵には頭が下がる思いです。

また、涼をとる工夫といえば、盛夏《せいか》に、チリン、チリンと、どこからともなく流れて来る風鈴の音も欠かせない。

虫の鳴くような音は涼しげで、身体の熱気もどこかに引いてしまう気分になります。

風鈴は、外につるしただけでは、いい音色を出してくれません。

風が入って抜けていく、風の通り道にあたる軒先が、風鈴の最高の〝居場所〟です。

夏になると、両親からの贈り物である郷里の伝統工芸、〝明珍火箸《みょうちんひばし》〟の風鈴を部屋の風の通り道につるします。

窓を開ければ、チリン、チリンと、まるで鈴虫のような音色が、鉄製の風格ある火箸の触れ合う音から生まれ、部屋も心も涼しくなるのです。

## 夏に元気が出る食材

人によって違うようですが、私は暑い夏が好き。

もちろん、近年のような予想外の猛暑には困ってしまいますが、それでも四季の中で生き物に活気が溢れる初夏から真夏になるころはいい。

森や街の木々の新緑が濃くなり、香り豊かな花々や果物、野菜が出回る季節。

らっきょう、梅、新しょうがなどの昔から日本人が親しんできた食材を、先程も触れた梅酒や甘酢漬け、その他にも梅干しなどにしておけば、保存食として重宝します。ちなみに、夏の季節物は次のとおりです。ぜひ食して、暑さを乗り切りたいもの。

**●夏野菜**

新じゃがいも、新しょうが、梅、らっきょう、かぼちゃ、トマト、きゅうり、唐辛子、なす、ピーマン、いんげん豆、枝豆

**●魚介類**

うなぎ、あゆ、はも、かます、あじ、たこ、いわし、どじょう、いか、すずき

**●果物**

桃、さくらんぼ、ブルーベリー、ぶどう、びわ、スイカ、まくわ瓜、メロン

## 残暑の風習

二十四節気の11番目の小暑《しょうしょ》のはじまる7月7日ごろから、次の大暑《たいしょ》の終わる8月7日ごろまでは〝暑中〟。この時期のお便りは〝暑中見舞い〟というわけです。

そして、二十四節気の13番目、8月8日ごろの立秋《りっしゅう》を過ぎたら〝残暑見舞い〟。

この残暑という言葉は、次の処暑《しょしょ》の終わる9月7日ごろまで使えます。

こういった風習は、もともと武家の習慣からきているそうで、日本人の礼儀正しさに面倒くささを感じることもありますが、言葉だけでも長く大切にしたいものです。

ちなみに、暑中見舞いや残暑見舞いに遠くの知人や親戚と便りを送り合うようになったのは、明治時代の郵便制度の発達がきっかけだとか。

便りだけではなく、江戸時代からの贈り物の習慣も今に残り、暮れにはお歳暮、夏には関東では7月初旬～7月15日ごろまで、関西では7月中旬～8月15日ごろまでがお中元の時期となっています。

私は、数年前から儀礼的なものはやめましたが、そのときどきでお世話になったり、頂き物をしたりした場合には、無地熨斗《のし》をつけ、気持ちばかりの食品を贈ることにしています。

「もう高齢者だから」という気持ちもわかりますが、だからといって、一切の交際を絶ち切ってしまうのでなく、少しずつ、無理のないように。

大切な人とのつかず離れずの付き合いは、感謝と思いやりの気持ちを忘れないためにも残したいもの。

老兵は、急に去らず、少しずつ消えゆくのが一番かしら。

## 立秋　実りの秋

立秋は、8月8日ごろ〜8月22日ごろの時期。

朝晩は少しずつ暑さも遠のき、虫の音もどこからともなく聞こえてくるようになって、徐々に秋の気配も近づいてくるころでもあります。

昔から、四季のはっきりした日本では、秋は〝実りの秋・味覚の秋・収穫の秋〟などと言われてきたものでした。

それだけ、多くの果物や野菜、穀物などの収穫作業がはじまる季節なのです。

最近では、温暖化の影響なのか、ゆっくりと秋を満喫する間もなく、残暑がいつまでも居座ったり、いきなり寒波が押し寄せたりして、予測不能な日も多くなりました。

でも、8月の旧盆が終わるころ、朝晩で感じることのできるさわやかな風や高い空は、紛れもなく日本の秋。これからも大切にしていきたいものです。

## 白露

白露《はくろ》は、9月8日～9月22日ごろ、二十四節気の15番目です。

森の家では、早朝に庭の草に白い露《つゆ》が宿り、秋が一段と身近になります。

都会でも、散歩の途中、見上げる空が高くなる分、太陽が低く輝きも鈍くなって、いよいよ秋の深まりが。

そんな道すがら、秋の七草の一つでもある、なでしこの花が可憐《かれん》に咲いているのを見つけました。猛暑の疲れがまだ残る日々、秋がもうそこまで来ていると思うと、気持ちが少しずつ癒される感じがします。

秋の七草は春と違って食べられませんが、目で眺めることで心身を豊かにしてくれそうな気がします。ちなみに、秋の七草は、なでしこ、はぎ、ききょう、くず、ふじばかま、おばな、おみなえしの七つです。

## 中秋の名月

窓からの月明かりに誘われ、夜空を見上げると、十五夜の満月、中秋《ちゅうしゅう》の名月です。もとは中国ではじまり、日本には平安時代に伝わったという旧暦8月15日（新暦では9月中旬〜10月上旬ごろになる）のお月見の宴《うたげ》。秋の収穫に感謝し、芋名月《いもめいげつ》とも。

ちょうど手元にあった里芋を、お盆の上にピラミッド状に重ね、横には生花の枝を一輪挿しにして、窓辺を飾ってみました。

都会でも味わえる〝にわかお月見〟の宴です。

ちなみに、中秋の名月が雨か曇りで眺められなかったとしても、心配ご無用。

秋のお月見には、十五夜の約1カ月後に、日本独自の十三夜というものもあります。

十三夜は、旧暦9月13日（新暦では10月中旬～11月上旬ごろになる）の月を愛でるもので、満月ではなく少し欠けています。十五夜に続く月ということで、後の月《のちのつき》とも。

また、栗や豆の収穫時期であり、お供えをして飾るので、栗名月《くりめいげつ》、豆名月《まめめいげつ》とも。

さらに、九州のとある地域では、女名月《おんなめいげつ》ともいうそうです。


十五夜と十三夜の名月は、セットで見ると縁起がいいとか。

昔の日本人は、自然を楽しむ知恵や工夫が豊富だったようです。

## なんでも天日干し

秋晴れの日は、何でも天日で干したくなります。

たとえば、野菜や魚、きのこなど。

生しいたけは、そのままざるに入れて2～3日干せば、ビタミンDも増え、上等の干ししいたけになり、瓶に保存しておけば、いろいろな料理に役に立ちます。

野菜は面白いほどいろいろと〝干し野菜〟のアイデアが。

さつまいもは軽く茹で、うす切りにしたものを干すと、干し芋の出来上がり。

甘さも増し、健康食になって小腹の足しに。

秋は、さばやあじも脂が乗っておいしくなります。

そのまま焼いてもいいですが、たまには目先を変えて干物に。

市販の干物は日持ちさせるためか、高齢者には塩分が多い気がするので、調整ができる自家製が安心です。

昔の暮らしの知恵〝魚の一夜干し〟は、保存するために考えられたのですが、生で食べるより、さらにおいしく栄養価の高いものにするための知恵でもあるのです。

日光に当てて干すことで、魚のうまみ成分のアミノ酸が増え、水分がなくなる分、味が凝縮されておいしくなるのです。

猛暑の天日干しは傷みやすく適しませんが、秋の温度が低く乾燥した日は最適。

つくり方は、魚屋さんで生のあじを数枚ひらいて内臓を出してもらったら、家で塩水に1時間くらい浸け、しっかり水分を拭きとってざるの上に置き、風通しの良い日向《ひなた》で2〜3日干します。

他にも、さば・かますなど、脂の乗った魚なら干物の材料になります。

## 秋分　咲き誇る彼岸花

秋分《しゅうぶん》は、9月23日ごろ〜10月7日ごろの時期で、二十四節気の16番目。

春分と同じで、昼と夜が同じ長さになるころ。

9月23日ごろの前後3日間を合わせてお彼岸《ひがん》と呼び、先祖のお墓参りや供養を。9月23日は秋分の日として国民の休日にもなっています。

秋分の日を境に「暑さ寒さも彼岸まで」と言われるとおり、日が短くなり、秋の夜長がはじまっていくのです。

ちなみに、9月末ごろ、秋の深まりとともに、私の森の家は凍結防止の水抜きをし、長い冬の間〝冬眠〟に入ります。

この時期、森へ行く途中の村の田んぼには、真っ赤な彼岸花が咲き誇っています。

彼岸花は、燃えるような赤い色をしているので、別名〝火事花〟とも。

この花を家に持ち帰れば〝火事になる〟とか〝手が腐る〟とも言われるのは、花の持つ毒性を注意喚起するためかもしれません。

里山の家々や畑、田んぼのまわりを囲むように、真っ赤に咲く彼岸花の景色。

茎に毒性があることもあり、イノシシやモグラから畑や田んぼの作物を守るための、昔からの暮らしの知恵かもしれません。

## 寒露

寒露《かんろ》は、10月8日ごろ～10月23日ごろの時期、二十四節気の17番目。

野原や山々の草花についた露も冷たくなり、寒さを感じるようになります。

私の森の家では、何本もある庭の楓《かえで》の紅葉がはじまり、広葉樹も色づき、まるで絵巻物のようなあでやかな世界に一変。

秋の長雨も去り、うるさいほどの合唱をしていた虫たちも静かになって、もの思う秋の深まりが感じられるようになるころです。

また、二十四節気よりもさらに季節を細分化した七十二候《しちじゅうにこう》では、この時期に含まれる10月8日ごろ～10月13日ごろは「鴻雁来《こうがんきたる》」にあたり、渡り鳥の雁《がん(かり)》が〝雁行《がんこう》〟と呼ばれるV字型の隊列をつくって、日本に飛来するころになります。

空高く飛ぶ雁や渡り鳥の群れの姿は、自然のリズムに寄りそっていて感動もの。雁が方向を間違えずに飛べるのは、太陽や星座の位置を確かめながら飛んでいるから、とも言われています。

雁がはじめて訪れることを〝初雁《はつかり》〟、雁の鳴き声を〝雁《かり》が音《ね》〟といい、さらにこの時期に北から吹く風のことは〝雁渡《かりわた》し〟といいます。

昔の日本人が、自然との対話で育《はぐく》んでいった暮らしの言葉の数々。

今、口にするだけでも、心が豊かに満たされる感じがします。

## 晩秋の木々に咲く花

秋の深まりが早い森の中、色づいた落ち葉を踏みしめながら静かな庭を歩くと、その中で燃えるような赤い小さな実をつけている木が……。

やがて冬になり、銀世界一色になっても、赤い実だけは鮮やかに色を添えている。

地元の植木屋さんに聞くと、この木の名前はナナカマドというのだとか。

夏は無数の白い花を咲かせる木で、その名前の由来には、七度かまどに入れても燃えにくいからという説や、材が堅いので7日間かまどで焼くことで良質の炭になるからという説があるのだとか。備長炭《びんちょうたん》の代用にもなるそうです。

また、この時期の都会では、散歩の途中でどこからともなく漂ってくる甘い花のにおいが。

近所の公園に数本あるキンモクセイの香りです。

春のジンチョウゲ、夏のクチナシと並んで、秋のキンモクセイの花々の甘い香りは、街で味わえる自然界からの貴重な贈り物です。

## 目の疲れに、にんじんサラダ

最近は、パソコンでの作業をすることも多くなりました。

休日、森や海へ出かけるときは、パソコンやタブレットなどから解放され、なるべく目の保養に努めます。

とはいっても、普段は一日中パソコン画面に向かい合うことも多い毎日。

そんなときにつくるのが、キャロットラペ、いわゆるにんじんサラダです。


にんじんは、スーパーでは年中手に入りますが、実は旬が年に2回あり、主に4〜7月ごろに出回る春夏にんじんと、10月〜12月ごろに出回る冬にんじんがあります。

なかでも、冬のにんじんは甘みが強くて味も濃厚。そんな冬にんじんを千切りにし、粒コショウ、オリーブオイル、レモン汁、はちみつ、干しぶどうで和える。

冬にんじんは栄養価も高く、カロテンが多く含まれているので、目の疲労に効果的です。

## 霜降　そろそろ冬支度

霜降《そうこう》は10月24日ごろ〜11月7日ごろの時期、二十四節気の18番目。

朝晩の空気も冷え込み、露が霜《しも》になるころで、紅葉前線も北から南へ移動し、東京近郊の紅葉も深まります。

このころになると、箱根のとあるホテルの大きな暖炉の炎が恋しくなり、時間をやりくりして週末に出かけることにしています。

立冬《りっとう》までに吹く木枯らしは、そろそろ自然界が冬支度に入る合図です。

## りんごの季節

「りんごがよく採れた年は、病人が少ない」

これはドイツのことわざですが、それほどドイツ人はよくりんごを食べます。

驚いたのは、茎だけを残して、種まで食べてしまうこと。

かつて、ドイツに住んでいたころ、乗る予定の国内線が2時間くらい遅れたことがありましたが、その際、お詫びのアナウンスもなく搭乗ゲートで渡されたのは、茶色の袋に入った小さなりんご2個でした。

夕食代わりに機内でどうぞ、というわけでしょうか。

ドイツ人にとってのりんごは、さしずめ日本人にとってのおにぎり、といったところなのかもしれません。

さて、そんなドイツ人も大好きなりんごですが、日本では品種によって早いものは8月ごろから、遅いものは11月ごろから収穫され、年中手に入りますが、一般的な旬は10月~2月ごろの秋冬になります。

特に皮ごと食べると栄養価も高く、食品ロスもありません。

そこで、私は小ぶりで酸味の強いりんごは、そのまま皮ごと食べたり、煮てジャムをつくったりすることにしています。

もちろん、砂糖は一切入れず、りんごの自然の味を生かします。

私流のりんごジャムのつくり方は――。

①固くて小さめのりんご4～5個を用意して、水でよく洗う
②りんごの芯をとって、小さくいちょう切りにする
③鍋に切ったりんごを入れ、中火にかける
④煮立ったらアクをとり、弱火にする
⑤焦がさないように、木べらでやさしくかき混ぜながら、コトコト煮る
⑥全体がとろりとしたら、2分の1個分のレモン汁を加える
⑦熱湯処理した空き瓶に移したら、冷蔵庫に入れて保存する

このジャムは、市販のパイ生地に包んで自家製アップルパイに。豚肉料理の隠し味にも使えて重宝します。

## 立冬　お漬け物が恋しくなる

立冬《りっとう》は11月8日ごろ～11月21日ごろの時期、二十四節気の19番目。
気候変動で秋がだらだらと居座ることも多くなりましたが、暦の上では冬のはじま

り。〝冬が立つ〟で立冬です。

立冬を過ぎて降る雨のことを山茶花梅雨《さざんかづゆ》といい、春の菜種梅雨《なたねづゆ》と同様に、長雨がしとしと降り続きます。

単なる梅雨なら鬱陶《うっとう》しくなりますが、花の名前がつくとなんとなく心が和《なご》みませんか。

こんなとき、先人たちの暮らしを楽しむ知恵がしのばれ、やさしくなれる気がします。

日本の冬は、お漬け物などの発酵食品がおいしい季節。

地方には、その土地ごとのお漬け物が多くあります。

私もビルの屋上の野菜畑で収穫した旬の大根を、「我ながらほれぼれする出来」と眺めているうちに、郷里の友人から届いた旬のゆずと組み合わせて、即席のお漬け物をつくりたくなりました。

細切りにした大根と皮ごとくし切りにしたゆず、それに細切りの昆布、塩少々を加え、手でもんで保存用パックに入れたら、冷蔵庫で保存するだけ。

ゆずの香りとともに、シャキシャキとした食感の大根を食べると、寒い冬を心から堪《たん》能《のう》している気分になります。

昔も、今も、冬の〝家しごと〟は、旬の野菜を漬けることからはじまるのです。

## 寒い日は、自然の入浴剤を入れたお風呂で

寒い日には、温かいお風呂に首まで浸かってあれこれ考えごとをするのが好き。香りや色の豊富な自然の入浴剤を入れると、至福のバスタイムになります。

最近はじめたビルの屋上菜園では、冬は大根が大豊作。

知人に配ったり、食べたりしながら、葉は捨てずに入浴剤としても使ったり。

新鮮な葉を天日に干し、そのまま湯船に入れると、大根の葉のお風呂に。

干した大根の葉は、昔から〝干葉《ひば》〟と呼ばれ、身体の冷えや肌の保湿効果で風邪予防にもなると重宝されてきました。

また、お風呂に入れるものとしては、王道のゆずも。

我が家には、「庭で採れたから」と郷里の友達が送ってくれるゆずが届きます。

そんなときは、さっそく大根の煮物の隠し味に使い、残りはお楽しみのゆず湯に。

ゆずをネットに数個入れて、湯船で香りを楽しみながら絞る。

昔の人は、厄除けと風邪予防のために、冬至《とうじ》にゆず湯に浸かり英気を養ったものです。

熱めのお湯に浸かりながら、浴室に漂うゆずの香りに包まれる幸せ。

体中の血液の循環がよくなったようで、疲れた身体の芯からポカポカ、沈んだ心まで温まります。


そして最後にもう一つ、しょうが湯もオススメです。

細切りにした土しょうがをタオルでつくった小さな袋に入れ、湯船に浮かべます。

ゆず湯同様、しょうが湯は身体が温まり、風邪予防にも効きそうです。

## 冬至　かぼちゃと健康管理

冬至は、12月22日ごろ~1月5日ごろの時期、立春をスタートに数える二十四節気の22番目で、新暦で考えると一年の中で最後にくる区分になります。

この時期は、太陽の日差しが最も弱くなり、昼が一年で最も短く、夜が最も長い。

昔の人は、このころに体調を崩して風邪などを引くことが多かったので、冬の体調管理に気を配りしました。

ゆず湯で身体を温めて血行をよくしたり、ビタミンやカロテンなどが豊富なかぼちゃを食べたりして、体力をつけて無病息災を願ったのです。

昔から、夏に採れたかぼちゃには不思議な力が宿り、それを冬至に食べると風邪を引きにくいという言い伝えがありますが、栄養価の高いかぼちゃは現在のように食べ物が豊富でなかった時代では、貴重な食材だったのでしょうね。

## クリスマス　鉢植えの手入れ

クリスマスや暮れの挨拶にいただいたシクラメンやポインセチアの鉢植え。

美しく華やかな真っ赤な花は、そばにあるだけで部屋が明るく暖かく、心身ともに幸せに包まれる気がします。

寒い冬の間、みんなを楽しませてくれた鉢植えですが、年を越すとそろそろ元気がなくなるころ。外に置いたシクラメンの鉢植えは、枯れた葉を取り除き、根元に日光を当て、風が通るように。

寒さに弱いポインセチアは、枯れた葉を取り除き、家の中のガラス窓の近くに置いて、日光をたっぷり浴びせます。

気がつけば、我が家の小さな花壇に、数年前、鉢から移し替えた南天が元気に大きくなっているではありませんか。たわわに実った赤い実に珍しい野鳥たちが訪れ、その〝おしゃべり〟のにぎやかなこと。

都会に居ながら、森の中の自然に触れ合うような気分になれるなんて。

老後のお楽しみがまた一つ増えたようです。

小さな鉢植えの葉牡丹《はぼたん》は、お正月に十分楽しんだあと、サイズの大きい鉢や地面に移し替えると、元気を取り戻して葉や茎が伸び、季節外れの二度目のお正月が来たかのようで、心を潤《うるお》してくれます。

## 季節をかみしめる幸せ

四季折々の楽しみは、人生を彩ってくれます。

今の時期はどんな味わい方があるのか、いつも関心を寄せるのも、日々を豊かにするコツの一つでしょう。


すっかり忘れてしまっていた慣習を復活させてみたり、幼き日に父母と一緒にやっていた行事を何十年ぶりかに思い出してみたり……。

それだけでも、きっと今の時間が楽しくなり、輝き出します。

その瞬間、瞬間を、丁寧に味わい尽くしていれば、先々の余計なことに思考を巡らす暇もありません。

そうなれば、老いの不安や寂寥感《せきりょうかん》に苛《さいな》まれることなどないのです。

せっかく四季のある日本に生まれたのですから、ちょっとした毎日の暮らしの隙間《すきま》に、季節ごとの歓びを取り入れたいものです。

# 5章

# 住み心地のいい空間づくり

## 日々を過ごす空間の大切さ

毎日勤めに出ることが当たり前だった若いころと比べ、70代は少しずつ仕事から解放され、ゆっくり、じっくりと、家で過ごせる時間が生まれてきます。

しかし、そんな多くの時間を過ごす家の中が、汚れていたり、物で散乱していたりしたら……それこそ心の健康によくない影響も大きくなってしまいます。

つまり、住空間をいい形で整えていくことが、シニアのこれからの人生を充実させていくうえで、とても重要なことなのです。

とはいえ、時間をかけて掃除をするのは大変ですし、汚れ一つない状態を目指そうとすると、高齢者になった体力では追いつかないので、掃除をすること自体が嫌になってしまう。

そこで、なるべく負担にならず、効率的にできて、そこそこのきれいさも保つことができるような掃除のコツを身につけることが大事になるわけです。

日常の中で、論理的かつ科学的に家事を行なう習慣を身につければ、あとから体力のいる掃除をする必要もなく、清潔で心もすっきりする暮らしが手に入ります。

他人任せにせずに、自分で上手に負担のない家事をできるようになることで、体力や気力を自然と維持もできるので、一石二鳥。

健康な精神も、健康な身体も、毎日を過ごす健康的な住まいの空間から、です。

## 完璧を目指さない

人生も掃除もパーフェクトを目指さないこと。

何事も完璧は疲れます。


あるとき、朝のテレビでカリスマ主婦が、家の整理整頓術《せいとんじゅつ》を披露していました。何百件ものお宅を片付けた経験からくる家事の収納術。

ただただ感嘆しながら眺めていましたが、そばで一緒に見ていたお手伝いのおばさんが、フーッとため息をついて「疲れますわ」と一言。

あんなにきれいにきちんと家が片付きすぎている空間は、病院にいるみたいで居心地が悪く落ちつかないという。

たしかに、家はそこそこ片付いて、どこに何があるか、ある程度わかるぐらいが一番。足の踏み場がないのは困るが、多少は生活感があるほうが心も落ち着くもの。

以前、講演会で、参加者の女性から「完璧に物をなくし、すっきりしたが、心にぽっかり穴があいたようで、気持ちが沈み、病院通いをしている、どうすればいいのか」と相談を受けたことがありました。

いわゆる、家事に完璧に真面目に取り組もうとする人がかかりやすい〝家事病〟。家事や掃除は、計画なしに一生懸命やりすぎると、〝終わりなき戦い〟になってしまいがち。

やり残しがあると思っても、キリのいいところでやめる。

人間も人生も同じ。完璧は疲れるし、完璧な状態なんてそもそもあり得ない。

余力を残した、〝そこそこ精神〟こそが、ゆとりを持って生きるためには重要なことなのです。

もともと、物に頼りたい傾向のある人は、自分のまわりから完全に物をなくすと、生きる指針を失ったようで、それこそ気持ちが〝路頭に迷う〟ことがあります。

ですから、何事も〝そこそこ・適当に〟が一番大切だということを忘れずに。

## 部屋に新鮮な空気を！

きれいで心地のいい住まいづくりのためには、部屋の〝換気〟が重要になってきます。

特に冬は、「寒いから……」と部屋中の窓やドアを閉め切ってしまいがちですが、寒いときこそ、換気の習慣を意識的に。コロナ予防にもつながります。

毎朝、必ず短時間でも窓を開け、部屋にも深呼吸をさせながら、みなさんの身体も大きく深呼吸をしましょう。


ちなみに、私は換気扇を回し、トイレも含めて部屋中のドアを半開きにして、家の中に風の道をつくるようにしています。

これは、トイレや浴室などの水まわりにも効果的で、カビの発生を防いでくれます。部屋中の空気がきれいだと、汚れがつきにくいので、掃除の労力が半減するのです。

時間があるからこそ、掃除にかける手間や労力はなるべく少なくし、きれいさを保てる工夫をするのが、私のモットー。

そして、残った時間は自分のために使うのです。

## 光るドアノブで清潔感アップ

さわやかな風を部屋に通すため、頻繁《ひんぱん》に開放したくなりますが、その際に気になるのが、ドアノブまわりの黒い手垢《てあか》です。

ただ、わざわざ掃除の時間をとる必要はありません。

〝気になれば・通りかかったら〟のタイミングで、濡《ぬ》れたタオルで磨くようにサッと拭いておくだけ。

時間が経つ前であれば、簡単にとれます。
また、すでに定着してしまったスイッチまわりやドアノブなどの汚れは、乾いたタオルに固形石鹸をつけて拭くと、きれいにとることができ、部屋に石鹸のさわやかな香りが広がります。

水まわりもそうですが、ドアノブや蛇口《じゃぐち》、シンクなどの金属の光り物は、そこをきれいにしておくと、その他の場所に多少汚れがあっても、全体の清潔感がグッと上がります。

光り輝く印象で、見ていて気持ちも明るくなるので、サッと拭くことを習慣にしてしまうことです。

## 水まわりのこまめな掃除習慣

掃除には、日々のちょっとした〝隙間時間〟を有効活用します。
一度習慣にすることができれば、いつの間にか快適で心地のよい暮らしのリズムが紡《つむ》がれ、老いも若きもどんな年齢でも、人生が豊かになっていくものです。

まずは、その習慣を水まわりで身につける。

今からでも遅くない。まずスタートすることです。

## ●シンク

キッチンのシンクをいつもピカピカにするには、ドアノブ同様にコツが。

野菜や食器を洗ったあと、必ず水滴を拭く、と決めてしまうのです。

ドイツに住んでいたころ〝シンクは使ったらすぐ水滴を拭く〟のが当たり前というドイツの主婦の姿を見て、これこそキッチンをいつもきれいにするコツなのだと納得しました。

料理をしないからピカピカなのではなく、使ったらすぐ手入れをすることが当たり前だからいつもきれいを保てるのです。

もし、すでに水垢やカビなどの汚れがある場合は、中性洗剤を濡れたタオルにつけて磨くように拭くと、落とすことができます。

●三角コーナー

キッチンをきれいに保つためのもうひと工夫は、三角コーナーを置かないこと。

ついでに、ディスポーザーのフタも取り外して、ゴミかごの中身が見えるようにします。

野菜くずなどの生ゴミは、その都度処分すれば、においや汚れからも解放され、いつも清潔に保つことができます。

水垢・湯垢・黒カビなどが出やすい三角コーナーは、放置すれば余分に手入れがかかり、見た目もすっきりしない。

さらに、悪臭の原因にもなって不衛生です。

キッチン仕事が終わって、流しの水滴を拭くのと、排水溝のディスポーザーの生ゴミを処分するのをセットにし、習慣化してしまうとラク。

●洗面台

洗面台においても、手を洗ったら、飛び散った水しぶきをすぐ乾いたタオルで拭き、鏡に向かってにっこり。「お疲れさま」と自分に声をかけ、いたわってあげましょう。

ついでに、乾いたタオルで鏡も拭いてしまうのです。

見た目はきれいでも、ほこりや水垢など、見えない〝汚れ予備軍〟がついています。

後回しにすると頑固な汚れになりますが、使ったあとすぐに拭いてしまえば、実は1分もかかりません。

## ●浴室

浴室の掃除は、かなり体力がいります。

面倒な場所ですから〝使うときが手入れどき〟。

〝バスタイム〟を、同時に〝掃除タイム〟にしてしまうのです。

湯気で室内の汚れがゆるんでいるときは、手間をかけずにきれいにできるチャンス。

すぐ使えるよう、スポンジや柄《え》つきブラシを、邪魔にならない隅か、浴室の近くに置いておくと便利。

身近に道具があれば、手を動かしたくなったときに、すぐにゴシゴシ。

あとは、床や壁に熱めのシャワーをかけておしまい。

カビ予防のため、換気を十分にして自然乾燥させせます。

我が家は、浴槽《よくそう》はお湯を抜きながら、タオルで内外を磨くように拭くだけ。濡れたバスマットは、足の健康のためにもそのままにはせず、タオルかけや浴槽にかけて乾燥させます。使う頻度によって、週に2〜3回は洗います。

●トイレ

トイレの汚れも、放置すると、時間と労力がかかり、掃除が面倒になるので、使うたびに柄つきたわしでサッとこすってしまいます。かかる時間は1分ぐらい。

加えて、トイレカバーやマットは、我が家の場合はドイツ式で、余分なものは置かない。手拭き用のタオルも、雑菌やにおいの温床になるので、いつもきれいに洗います。

また、週に一度はお湯で濡らしたタオルで床・壁・便器の外側を拭きます。拭くときに、柑橘類《かんきつるい》の皮をタオルに挟んでおくと、掃除中も心地よく、しばらくレモンなどのいい香りがトイレ中に残ります。

残り少なくなったコロンや香水なども、瓶のフタを開け、少し水を足して隅に置くと、素敵な〝自家製芳香剤〟に。小さなかごに化粧石鹼や炭を入れて飾れば、インテリアにも、虫よけや除湿効果のある芳香剤にも。

時間のかからないこんなひと工夫を習慣にしておくと、不意の来客で「トイレをお借りしたい」と言われても、慌《あわ》てることがありません。

## キッチンまわりの油汚れ

コンロまわりなどのキッチン全体も、調理後の〝ひと拭き〟の習慣は大切。

我が家は築30年程度経ちますが、この習慣のおかげで、ほとんどこびりついた油汚れはありません。

とはいえ、きれいに見えても、油汚れは塵《ちり》も積もれば〝頑固な山〟となるので、油断は禁物。

ベトベトになってからの掃除は、体力も気力も必要になり、ますます掃除嫌いになる原因になってしまいます。

だから、使ったあとは、常にお湯でサッとひと拭き。

ついたばかりの汚れは、拭くだけですぐとれるので、この〝サッとふと拭き〟は老後の掃除の必須科目として本当にオススメです。

ちなみに、うっかりひどい汚れになってしまったら、調理で使った食材を便利に活用すれば、掃除が楽しくなります。

たとえば、飲み残してしまったビールは、捨てずにとっておき、タオルにつけて油汚れを拭くと、ビールに含まれるアルコールの成分が油を分解してくれるので、さっぱりします。

ビールのにおいが苦手な人は、そのあとサッと水拭きをすれば大丈夫です。

また、フライや天ぷらをつくって残ってしまった小麦粉も活用できます。

小麦粉には、油汚れを吸いとり、固めてくれる性質があるので、濡れたタオルにつけて換気扇、シンク、ガス台などの汚れを拭くと、油汚れがきれいになります。

粉が残らないよう、お湯で二度拭きしておきましょう。

ひどくこびりついた油汚れの場合は、シンクの上に新聞紙を敷き、そこに汚れた換気扇の網やプロペラ、ガス台の五徳《ごとく》などを置いて、小麦粉をふりかけます。

1時間程度置いたら、濡れたタオルで磨くように拭く。

拭き終わったら、お湯で小麦粉を完全に洗い落として終了です。

目の細かい網などの場合は、一度ぬるま湯をかけて、小麦粉をつけたタオルで拭くと、驚くほど油汚れがきれいになり、心も喜ぶ〝エコ掃除〟に。

## 魚料理のにおい

キッチンまわりで気になることの一つが、魚を調理したあとのにおい。

我が家は昔から、キッチンのグリルで魚を焼いたあと、すぐに手入れをするので、料理の回数が多い割には、ほとんど無臭。

使ったあと、まだ余熱が残っているうちに、グリルの鉄板や網、庫内をサッと拭いたり、洗ったりしておく。

これでほとんどのにおいから解放されます。

「あとでやるから」と放置すると面倒になり、気がついたときには、魚や肉などのにおいが鉄板の組織内に閉じ込められ、表面はきれいになってもにおいがとれなくなります。

だから、調理後すぐに時間がない場合も、ぬるま湯でサッとすすぐだけはしておく。

あとでゆっくり、タオルやスポンジで拭くように磨けばいいのですから。

家事をラクにするためには、鉄のように「熱いうちに打て！」というわけ。

それでも少しにおいが気になるときは、オレンジやレモンの皮をグリルやオーブンの中に入れ、空焼きしたり、皮でこすったりすると効果的。

## 調理器具も清潔に手入れを

暖かくなってくると、食中毒にも注意が必要な時期です。

いつも使うキッチン道具、特にまな板は、食品汚れによる雑菌がついていますから、安心で安全な食生活のためにも、いつもきれいに保つことを心がけます。

具体的には、魚などを調理したら、水で洗ったあとに熱湯をかけておきます。

ちなみに、ドイツのおばあちゃんは、まな板の魚のにおいを消す際には、レモンに塩をつけてこすっていました。

このレモン塩は、ヌメリもとれます。

また、除菌をしたいときには、日本同様、ドイツでも、お酢が活躍。

まな板の上にペーパータオルを載せ、その上からお酢をかけ、ひたひたの状態にしたら、しばらく時間をおいて寝かせます。

あとは、ペーパータオルをとって、まな板を水で流します。

## 部屋のにおいは、汚れのバロメーター

以前、ラジオに出演して「毎朝必ず換気をしています」という話をした際、「雨の日はどうするんですか?」という問い合わせがきたことがありました。

もちろん、強風の日以外は、雨でも換気の習慣は変わりません。

ただ、天気のいい日は換気時間は長く窓の開放は広く、天気の悪い日は短く狭く。

ドイツ人は、いつも部屋のにおいを気にし、よく窓を開け、部屋の空気を入れ替えます。

〝心地よさ〟を意味する「ゲミュトリッヒカイト」という精神を持ち、快適な住み心地を大切にするドイツ人にとって、部屋のにおいというものは、追放すべき汚れのバロメーターなのです。

ちなみに、水まわりやキッチンにおいては〝すぐ拭く〟ことは大事ですが、その前に汚れを溜めずに外に出すため、窓を開け、換気扇を回し、風の通る道をつくることも、重要なこと。

キッチンでは、料理をする前に換気扇を回し、料理の作業が終わってもしばらく換気をします。

冷蔵庫の開け閉め、料理の下ごしらえなど、いつもにおいは発生しているからです。

我が家のレンジ台まわりのタイル壁がきれいな理由は、換気をしながら調理臭を追放し、ときどきタオルでお湯拭きをしているから。

浴室などの水まわりも同様で、お湯を入れはじめる前から換気扇を回し、使い終わっても翌朝まで回し続けます。

使ったあとは、シャワーをかけておくだけです。

## 冷蔵庫は70％収納

年齢を重ねてくると、一度に食べる量が少なくなり、つい食材を買いすぎて、冷蔵庫の中が渋滞してしまうことが。

そこでどんな食材があるのかわかるようにするのが、70％収納の考え方。

冷蔵庫内に入れる食材は、スペースの広さに対して70％までと決めておく。

そうすると、扉を開ければ中身がすぐわかり、余計な買い物をしなくて済みます。

冷蔵庫内に30％の空きがあれば、食材を出したり、片方に集めたりもしながら、空いた場所を拭けばいいので、掃除も簡単でラク。

冷蔵庫の掃除は、一度にすると疲れるので、一段ずつと決めてやると、2～3日で無理なくきれいに。

冷蔵庫外に出した食材は、紙袋に種類別にまとめると、元に戻すのが簡単で、食材の在庫、消費期限チェックにもなります。

また、扉の裏の調味料ボックスなどは、一度にエイヤ！　と、やってしまうとラクです。

一カ所でも完成済みの場所ができると、達成感とやる気につながります。

ちなみに、冷蔵庫の外側の扉は、1日1回、お湯で絞ったタオルで拭きましょう。特に、暑い夏場などは食中毒の時期ですから、見た目はきれいでも雑菌でいっぱいの取っ手の周辺や扉の内側は、清潔に保つよう、心がけることです。

## 残った食材で、エコ掃除

残った食材は、掃除に活用するのも、便利でエコ。

食卓やテーブルの下の食品のシミには、まずレモン。

ぬるま湯でゆるめに絞ったタオルで汚れの部分を拭き、半分に切ったレモンでこすります。

シミを上手にとるには、こすった部分が白っぽくならないように、汚れのまわりから中心へ向かって攻めること。

あとは全体をぼかすようにポンポンとたたいておきます。

レモンは漂白作用があるので、ほとんどのシミには効果があります。

大理石の床のシミにも、塩をつけたレモンでこするとシミが薄くなります。

ちなみに、このレモン、ドイツのおばあちゃんの暮らしのレシピには欠かせません。

まさに〝レモン頼み〟といっていいほど。

食べるだけではなく、洗剤・消臭の役目も果たし、美容にも登場する優れもの。

さらには、キッチンでかごに入れて飾れば、冬の草花が少ない時期に、レモンの黄色がちょっとしたインテリアの彩りにも。

もちろん、すぐ手にとって料理に使うこともできます。

その他にも食材の残りが掃除に使える箇所が。

キッチンの床の汚れは、ほとんどが食品が原因なので、「目には目を！」で野菜のゆで汁が効果的なのです。

ほうれん草が大好きな私は、いつもゆで汁を捨てないで、拭き掃除に使う。

他にも、お米のとぎ汁なども木の床に皮膜をつくり、つや感を与えてくれます。


子どものころ、木の床を拭くのは、茶殻・おからでした。

昭和の主婦にとっては、当たり前の〝エコ掃除洗剤〟だったのです。

きれい好きの母は、残り物のおからで、玄関の床をいつもピカピカに磨き上げていました。

学校帰りの友達と、鏡のように清潔な玄関の板の間に腰かけ、母手づくりのケーキを頬張ると、きれいな部屋が誇らしく、心までおいしさに満たされたものです。

身近な残り野菜や果物を上手に利用すれば、安心・安全で、家も身体も喜びます。

こんなゲーム感覚で家事をすれば、何でもない日々の暮らしが何倍も豊かで幸せなものになりますし、エコな生活を実践できている実感も持てて、よき暮らしの達成感も生まれそうです。

## 照明器具には、軍手ぞうきん

天井の照明器具やテーブルの上のランプなどは、思っている以上に、ほこりや油煙《ゆえん》などの汚れがついています。

そこでオススメなのが、軍手ぞうきん。

手の届く場所はほこりを払い、両手に軍手をはめて、なでるように電球やまわりを拭くとラクにきれいになります。

この軍手ぞうきんは、力が加減でき、指先が自由に使えるのが優れたポイントです。

手の届かない照明器具などは、掃除の前に必ずスイッチを切り、長めの棒にタオルを巻きつけて、ほこりを払うように拭きます。

天井の照明器具がきれいになれば、部屋全体が一段と明るくなります。

## 窓ガラス磨きと網戸掃除

体力のいる窓ガラス磨きは、畳1枚の大きさの窓ガラスなら、一度に2枚までと決めておきます。

これまでの掃除箇所同様、汚れが軽く、こびりつかないうちに、サッと拭いておくのがコツ。

お湯で固く絞ったタオルでガラスの表面を拭いたら、その水分が乾かないうちに新聞紙でクルクルと軽く磨きましょう。

他には、1枚のタオルを、握りやすい8分の1に折って使う方法も。

その場合は、タオルの表面は濡らさずに、折った中面だけを濡らします。

折ったタオルの角を指先で押さえながら直線的に動かし、隙間をつくらないように、拭いた場所を1ミリ程度重ねながら。

拭いているうちに徐々にタオルの表面が湿って汚れがとれやすくなり、タオルの毛羽も窓ガラスにつきません。

窓ガラス磨きのベストなタイミングは、曇りの日、あるいは、雨の降り続いた翌日の晴れた午前中です。

暑い日、晴天が続いた午後などは、汚れがこびりついて、とれにくくなっているので、体力も時間もかかります。


また、網戸の掃除は、網が窓ガラスと違って破れやすいので、扱いは丁寧に。

こちらも雨の多いシーズンを利用すると、掃除がラクになります。

風のない小雨の日、網戸を外して塀《へい》やベランダに立てかけておくと、雨が汚れを洗い流してくれます。

あとは、雨が止んだあと、網戸をはめ込み自然乾燥で大丈夫。

網戸を外すのが大変な場合は、濡れたタオルを両手に持ち、窓を開けて網戸を両側から挟み込んでポンポンと軽くたたくように拭くと、きれいになります。


窓や網戸のくもりや汚れは、住む人の気分にも影響を与えるもの。

すっきりきれいになれば、外を眺めるのも楽しく、気分も明るく過ごせます。

## ベランダの掃除

窓と網戸を掃除したら、ついでにベランダもチェックしておきます。

台風シーズンに備え、備えあれば、憂いなし。

家のまわりを、散歩がてらグルッと見て回るのもいいかもしれません。

ベランダの大きなゴミや段ボールなどは処分。

鉢植えの枯れ枝や葉も取り除き、いらなくなった容器などは捨てるか、何かの入れ物として別の場所で活用し、ベランダには放置しない。

排水溝のゴミや枯れ葉なども、大雨で水が溢れないように、取り除いてきれいに。

テレビの天気予報を見てから慌てるのではなく、普段の掃除で早めに準備しておくことです。

## カーテンを洗う

夏の暑い日、だらだらと過ごしていると暑さが増すような気がします。こんなときこそ、カーテンなどを、じゃぶじゃぶと洗うと気分も部屋も涼しくなります。

カーテンなど大きなものは、ほこりを払ってから洗濯機で洗い、脱水が終わればそのままカーテンレールにつるして自然乾燥させます。

湿ったまま干すと、水分の重みでしわがとれ、アイロン不要。

暑い太陽の下では、レースのカーテンなら数時間で乾きます。

洗っている間に、カーテンレールや窓枠などの、ほこりや汚れをきれいにしておきます。レールにつるしたあと、お気に入りの香りをスプレーすれば、部屋中にいい香りが広がります。

洗いたての清潔なカーテンによってすがすがしさが増し、洗いたてのシャツを着ているようで部屋も気持ちもさっぱりします。

## 湿気対策

日本は、湿気の多い国。

特にジメジメと蒸し暑い日本の梅雨の時期には、カビ対策も大事です。

カビの発生しやすい三つの条件は、①温度が20℃以上、②湿度が60％程度、③それにほこりや汚れが加わること。

〝カビ持ち〟にならないためには、次のような日々の習慣が大切です。

●朝起きたら、必ず寝室の窓やドアを開け、就寝中の湿気を含む汚れた空気を外に出す
●便器のフタは、使用するとき以外は閉める
●浴槽に水を張ったままにしない
●トイレと浴室の換気扇は、頻繁に回し、湿気を溜めない
●洗濯物は、外干し、または、乾燥機を利用する
●室内に干す場合は水分を絞り、換気扇の下・浴室・洗面所で換気しながら干す
●外から濡れた衣類・傘・靴は持ち込まない

●傘立ては必ず屋外のベランダや玄関の外に
●調理中・調理する前後は、長時間換気扇を回す
●外出時は、換気扇を回し、部屋に空気の流れをつくる

また、意外と忘れられてしまいがちなのは、食器棚や戸棚の中。

天気のいい日は、扉を開け、風を通します。

私は、洗面所やキッチンで洗い物や料理をしているとき、意識的に下の扉を開けて空気を入れ替えます。

自分なりの時間を決め、換気扇を回したり、窓・戸棚の扉・引き戸などを開けたりする習慣を持つだけでも、部屋が湿気から解放されます。

ちなみに、数年前、東北の老舗《しにせ》温泉旅館に泊まったことがありますが、夜、お風呂に入ろうとキッチンスペースの近くを通ったとき、なんと、キッチンのすべての戸棚の引き戸が開け放たれていた光景が目に飛び込んできました。

聞くと、湿気対策のため、夜間に何時間か扉を開け、収納戸棚の空気の入れ替えをし

ているのだとか。

目に見えない裏方のきめ細かな配慮に、この宿の気配りが感じられ、私の〝また訪れてみたい宿リスト〟入りに。

湿気やカビから解放された心地いい空間は、日々の小さな暮らしの習慣によって生まれるものです。

## クローゼットに風を通す

衣替えの季節には、クローゼットの空気の入れ替えとほこり払いを。

クローゼットや簞笥《たんす》の中をカビやほこりから守り、衣類を長持ちさせるために、手入れと整理を兼ねて、やりましょう。

しばらく着ていない服は外へ出し、汚れやシミを点検しながらほこりを払って風通しのいい場所に陰干しします。

3年以上着ていないもの、サイズの合わないものは、リサイクルに出すか、ほしい人に差し上げるのも一案です。

どうしても、潔く処分する気持ちになれない場合は、大きな紙袋にまとめて、処分できる時期を待ちます。

無理に処分して、あとで心に負担をかけるようなことはしないこと。

衣類を一つでも〝引き算〟できれば、収納場所にゆとりが生まれ、風通しもよくなり、掃除もしやすくなります。

何よりも、必要な衣類を見つけ出し、選ぶことが簡単になります。

クローゼットの床や簞笥の引き出しのほこりを掃除機や乾いたタオルできれいにし、仕上げに、好きなハーブの香りの石鹼を置けば、消臭効果と虫よけにも。

ほこりや汚れから解放されたクローゼットやタンスは、開けるたびにさわやかな香りに包まれ、古びた衣類も少し若返った感じがします。

## 安心・安全のために、床をすっきり

健康と安全のため、いつもすっきりきれいに保つことが大切な床《ゆか》。

床に物が散乱していると、つまずく原因にもなり、ケガをする確率が高くなります。

高齢者の転倒やケガのほとんどは、動き慣れている自宅内での出来事だそうです。

ドイツでは、床に物が散乱して汚れているとお金が貯まらないと言いますが、たしかに、物につまずいてケガをすれば治療費もかかってしまいますから、それは本当なのかもしれません。

だから、なるべく床に物は置かないよう、心がけること。

きれいな状態の床こそが、安心・安全のバロメーターです。


また、床は掃除の労力もかかる場所。

床に物が多いと掃除も億劫になり、汚れが溜まるのでますます大変に。

毎日こまめな手入れが大切です。

体力を消耗《しょうもう》しないよう、日差しが強くならない早朝の時間帯を選び、まずは窓を開けて空気を入れ替えます。

そのあとは、素足の皮脂《ひし》で汚れやすい絨毯《じゅうたん》、部屋の出入口、玄関、ダイニング、キッチンなどの床を優先し、今日掃除する場所を選んで掃除機をかけたら、モップか柄つきの濡れ紙雑巾などを使い、「床掃除は1日5分以内」と決めて行ないましょう。

毎日の暮らしのスタイルに少しずつ組み込み、部分掃除を心がけて「今日はキッチンの床だけ」といった形で行なえば、身体にも負担がかからずに、いつもきれいに快適に過ごせます。

## 住みやすさの再点検

自分の家が安全だと思えば、暮らしの楽しみが倍増します。

たとえば、安全性を高めるために、早めに階段には手すりをつけ、転ばぬ先の杖《つえ》にしましょう。

普通から、上るときよりも、下りるときを慎重に。

暗くて見えにくい場所には、足元灯を用意しつつ、その他のつまずきやすい物は階段に置かないこと。

また、床に置いた敷物は、滑《すべ》ったり、ほんのわずかな段差でもつまずく原因になったりするので、滑り止めをつける。

足を引っかけそうな場所には、電化製品のコードを這《は》わせず、小物も置かない。

さらに、滑りやすい浴室にも、注意を払うこと。

つまずかないように、余計なお風呂グッズは床に置かない。

手すりをつけて、浴槽を出たり入ったりする際も手すりをつかみながら、「右足を出してから、次に左足」といった具合に、いつも同じ動作を意識する。

プロのダンサーのように、自分のステップを正確に演じる気持ちで、ホップ、ステップ、とやってミスなく着地できるように。

年を重ねるにつれ、暮らしの空間の安全性を高めることは、とても重要です。

慣れた場所での失敗やケガによるイライラは、知らず知らずのうちに、「暮らしにくい」「住みづらい」などの心労につながっていくもの。

自分の生活動線をイメージして、スムーズに過ごせるように考えていく工夫が大事になります。

## 物と私のいい関係

住みやすさを考えたとき、物との関係は大事なポイントになってきます。

物はありすぎても困るし、まったくなくても困るもの。

必要な物が適量あればいいのですが、よほど自制して生きてこない限り、人生の長さの分だけ物は増えるから、これが難しいのです。


〝物の住所〟を決める。

物の定位置を決めたら、それ以外のところには置かない。

使ったら、必ず元に戻す。

汚れがついたら、拭いてからしまう。

そうすれば、物が紛失することもなく、次回使うときもきれいで、長持ちします。


物は〝所有価値〟ではなく〝使用価値〟。

所有することに執着するのではなく、便利に使ってはじめて、物も人も豊かな暮らしができる。


心地いい暮らしとは、慣れ親しんだ物がすぐ身近にあることです。

長年、手が慣れ親しんだ、使いやすい物があれば、安心して暮らせる。

安全で安心な老後とは、好きで慣れ親しんだ物に囲まれ、穏やかに過ごすことではないでしょうか。

## お気に入りを大切に

我が家のキッチンにつながるダイニングルームには、ドイツから持ち帰った樫《かし》の木の大きくて頑丈なテーブルが鎮座《ちんざ》しています。

もともとは庶民的で安価な木のテーブルだったものが、今では堂々とした立派なアンティーク家具です。

よく見ると、至るところ傷だらけですが、それがまた古くて価値のある雰囲気を醸《かも》し出している。

食事をするだけでなく、料理をしたり、原稿を書いたり、新聞を読んだり。

大きなテーブルなので、パソコン操作をしながら、横で新聞を広げて読むこともできるし、大人数でお酒を楽しんだり、一人でお茶を飲んだりもできる。

目線をキッチンに向けて座れば、煮物や料理をしながら書き物や読書もできてしまう〝ながら家事〟テーブルにも。

違う作業が同時進行でスムーズに片付くので、便利でお気に入りのテーブルです。

このテーブルがあるおかげで、私にとってダイニングは最高に居心地のいい空間になっています。

何か気持ちの浮かない日があったとしても、そんなお気に入りの物たちが、老いの日々の味方となって支えてくれる気がするのです。

## 季節ごとのテーブルの演出

私は、今も昔も、あるもので暮らしの知恵をいろいろ絞り、工夫することが好きなようです。

たとえば、私は旅先で現地の珍しい柄の紙ナプキンを集めるのが趣味ですが、こういった紙ナプキンは消耗品なので収納にも困らず、状況に応じてテーブルまわりを演出できる優れものです。

ちょっとした小物のプレゼント用の包み紙にもなり、お盆やお皿、かごなどに載せてテーブルに並べれば、和洋どちらでも使えて季節感を出すことができる便利な小道具にもなってくれます。

また、テーブルやキッチンの調理台には、不健康になってしまわないよう、余分なスナック菓子やインスタント食品は置かずに、季節の自然のフルーツだけは盛りだくさんに飾るようにしています。

明るいインテリアにもなり、すぐ調理にも使え、食べても不健康にはならず、重宝するからです。

一人でも、二人でも、数人でも、人数に関係なくお茶やごはんを食べる演出を考えることも楽しいものです。

春はグリーン系でさわやかに、夏は白やブルー系で涼しさを、秋は枯れ葉のベージュ系、冬は暖かい暖色系などを中心に、インテリアやテーブルまわりを演出します。

素材も、春や夏は紙・コットン・麻、冬は厚手のウール・紙などを取り入れて。

暮らしの工夫をあれこれ考えることが多いと、家事も充実し、それに費やす時間も楽しく、お金もかからず、心も和みます。

## メンテナンスを楽しんで

人生の時間を共にしてきた大事な物は、いつまでも長く使っていきたいもの。

新しく余計な物を増やさないという意味でも、メンテナンスをしながら大切に扱うことは心が嬉しくなります。


たとえば、「今日は簡単ごはんにしよう！」と思えば、調理の手間も省け、冷蔵庫の在庫整理を兼ねながら、野菜やお肉、魚介類などもとれるお鍋が、やっぱり一番ですが、冬の間、大活躍した土鍋は酷使しすぎると、ひびが入ってしまうことがあります。

そこで、そうなる前に、ひと休みのメンテナンス。

ひび割れる前に、米を入れてお粥をつくるのです。

すると、米が接着剤の代わりになるので、目に見えない小さなひび割れを直してくれて、一石二鳥なのです。


また、土鍋を焦がしてしまった場合はガスの火を消し、鍋に残っているものを取り除き、お酢を少量たらした水をグラグラと煮て、浮き上がった焦げつきを木べらで、こすりとります。

そして、まだ温かいうちに、固めのスポンジで磨くと、きれいになります。

ちなみに、ドイツでは、陶器のひび割れには、牛乳を使います。

鍋に牛乳を入れ、ひび割れた陶器をゴトゴト煮るだけ。

牛乳のたんぱく質が接着剤の代わりをしてくれるそうです。

お米を炊いて土鍋のひび割れを直す日本と、牛乳を使うドイツ。

こんなところにも、お国柄が出るようですが、物を大事に使っていく知恵はどこの国にもあるもの。

次々と買い替えてゴミにしてしまうのではなく、思い入れのある物を長く丁寧に使いたいものです。

## 靴にも休暇を！

毎日履いている革靴は、呼吸している、いわば〝生き物〟。一日履いたら、一日以上休ませます。同じ靴を履き続けていると、ほこりや汚れが靴の表面に張りついて〝呼吸困難〟に陥るからです。

人間同様、休息を与えると、靴の寿命は、10年以上にも。

脱いでもすぐにはしまわずに、外で風を通して汗を乾燥させれば、とても長持ちします。

靴が雨に濡れてしまった場合は、帰宅したらすぐに手入れをします。

脱いだらすぐ、新聞紙を丸めて中に詰め、この作業を何度か繰り返し、湿気をとる。急に熱を当てて乾かすことは、革が固くなり、つやも風合いもなくなってしまうので、しません。

風通しのいい日陰に立てかけて乾かし、生乾きのときに無色の革用靴クリームをやわらかい布につけ、薄くのばしながら磨くように拭きます。

乾いたあと、シューキーパーで形を整え、靴箱にしまいます。

シューキーパーの代わりに、丸めた新聞紙やタオルなどでも代用できます。


靴箱・下駄箱も湿気が溜まりやすい場所。

日を決め、晴れた日には、下駄箱の扉を開け、風を通して乾燥させます。

家族全員の靴を、一度に下駄箱の中の靴箱から出す作業は大変なもの。1回ずつ数を決め、汚れを点検しながら出して、靴箱に風を通します。

下駄箱も、一段ずつ、乾いたタオルでほこりを払いながら拭きます。


靴箱に入れた靴の中には、好きな香りの化粧石鹸を入れておくと、ほのかな香りが漂い、小さなかごに炭を入れたものを入れておくと除臭効果も。

靴箱自体にも香りのよい石鹸を入れれば消臭効果もあり、靴の内側のかかとの部分に石鹸を少し塗っておけば、靴ずれ防止にもなります。

靴と石鹸の相性は抜群。これもドイツのおばあちゃんの知恵です。

ちなみに、物を増やしすぎないように、私は靴の衝動買いはしない。ほしい靴を見つけた場合も、必ずどの靴を処分するかを決めてから買う。

ついでながら、靴を買う時間帯は夕方。

足が一日の疲れで膨らんだ夕方に買えば、靴ずれを予防できます。

## 虫干しの習慣

子どものころ、学校から帰って部屋中に衣類がぶら下がっているのを見ると、梅雨が明け、大好きな夏が来たのだ、と。

嬉しくて、衣類の間をスキップしながら、心躍らせたものです。

そんな虫干しの習慣は、季節の移り変わりを告げる昔からの日本人の暮らしの知恵。

最近は、家中に衣類をつるして虫干しをする家はほとんどなくなりましたが、やっぱり梅雨が明けた晴天の日には、カシミヤのジャケットやセーター、ウールのパンツなど数点を選び、陰干しを。

雨や湿気の多い日本の風土、害虫やカビから大切な衣類を守り、できるだけ長持ちさせるために生まれた〝虫干し〟という暮らしの知恵を大切にしたい。

この虫干しの習慣は、衣類だけ、梅雨明けだけのものではありません。
天高く澄み切った空、冷気を含んださわやかな自然界の風の香り。
そんな晴天の続く秋の日に、数時間、窓やドアを開け放ちます。
まさに、部屋全体を〝虫干し〟するのです。
2～3時間程度であれば、外からのほこりの心配もありません。

昔からの虫干しの習慣を少しでも今の暮らしに取り入れてみると、毎日の何でもない暮らしに季節感を感じながらの気分転換にもなります。

## 夏を涼しく過ごす

最近は、猛暑が続くので、熱中症にも注意が必要になりました。
熱い日は、窓を少し（5㎝くらい）開け、エアコンをつけて過ごす。

冷気が逃げて電気代がもったいない、と思わずに、部屋の換気も兼ねて。

木と紙と土の材料で自然呼吸ができていた昔の家と違い、アルミサッシなどの新建材を使う今の住まいは、気密性が高いので、エアコンを上手に利用しながら、住みやすい温度や湿度に調整することが大切です。

エアコンや扇風機の近代機器を上手に利用しながら、昔の日本人の暮らしの知恵も参考にし、取り入れるのもいいかもしれません。

また、部屋に直射日光が入らないような工夫をするのも、暑さを避けるコツ。

ドイツで住まい探しをしていたころ、現地では南向きがあまり好まれず、「日光で家具や部屋が傷むから」と北向きを勧められたことがありました。

「人は外で日光浴すればいい」とも言われ、南向きが好まれる日本と違い、「なるほど、所変われば品変わる」と感心したことがあります。

最近は、日本の都会でも、自然を取り入れたエコ生活に関心を持つ人が増えたせいか、自宅のベランダや庭にへちま棚をつくり、夏の日差しを避ける工夫をしている人をよく見かけるようになりました。

そんな風景は、庭仕事が好きな父が夏になるとつくっていたひょうたん棚と重なったりします。

今のようにクーラーも扇風機もない時代、夏になると、父は南や西向きの窓際の庭に、ひょうたんの棚をつくり、夏の日差しを避け、部屋を涼しくする工夫をしていました。

今、思えば、南側には真上からの日差しを避けるために高さのある棚を、西側の窓辺には低くなった西日を避けるために斜めに葦簀《よしず》を立てかけ、そこにひょうたんのツルを這わせていた。

成長したひょうたんの大きな葉の間から、涼しい風が部屋に取り込まれる仕組みです。

父の手にかかると、乾燥させたへちまやひょうたんの実は、たわしや一輪挿しなどの日用雑貨に変身したものでした。

今年の夏は、昔からの季節感のある住まいの工夫、取り入れてみたくなりました。

## 災害に備えて

近年は、異常気象のような豪雨に台風、地震等々、災害も増えました。

これからの家事には、防災のことも加えておく必要がありそうです。

我が家の防災グッズは、水・携帯ラジオ・懐中電灯・ろうそく・マッチ・電池などが中心。

水はミネラルウオーターの1・8ℓのペットボトルを数ダース、野菜ジュースを数本。

水など場所をとるものは、その都度、使った本数だけ補充します。

ラジオは、寝室とキッチンにそれぞれ1台ずつ。

すぐ手にとれるよう、定位置にセット。

懐中電灯は、過去の停電の経験から、玄関・洗面所・寝室・キッチンなど、暗闇でも見つけ出せる場所に。

ろうそくは、電池式のものと本物を、それぞれ数本ベッドサイドやテーブルの上などに。

停電で暗闇になっても困らないように、普段の暮らしの動線を決め、やはりここでも通路には余計な物を置かない。

食料は、お湯や電気を使わなくてもいい、小腹の足しになるようなせんべいやするめ、乾パンやナッツなどのドライフードを2週間分ストックしています。

これらも、毎日の食生活の延長なので、消費したら毎回、種類と数を補充するように。

私は、子どものころからの習慣で、寝るときには必ず脱いだ衣服はたたんで、枕元にそろえています。

両親から、何があっても恥ずかしくない姿で飛び出せるように、と厳しく教えられたのです。

災害は、いつどこから何が降ってくるかわからない。だからこそ、日々の暮らしの中で、無理のない心と物の準備をしておくことも大切だと思います。

## 花のある暮らし

ドイツに住んでいたころ、家々の窓辺に咲く赤いゼラニウムに魅せられました。30数年前、都心に小さな家を建てたとき、まず考えたのは、窓辺にゼラニウムの真っ赤な花を咲かせること。

そのときに植えた鉢植えのゼラニウムが、今でも一年中、次々と真っ赤な花を咲かせてくれます。

あるとき、近所の庭いじりの好きな老婦人に、「花のきれいなお宅の真似をしているんですよ」と言われ、自分だけでなくまわりの人も、我が家のゼラニウムを楽しんでくれているのだと嬉しくなりました。

ゼラニウムの手入れは簡単で、普段は毎朝寝室に続くベランダに出たついでに、枯れ枝や枯れ葉を取り除き、ときどき新しい土を入れ、苗を植え足していくだけ。

猛暑の夏、森の家へ長期で出かけていても、留守中の水やりは不要。

本当に世話のかからない草花なので、オススメです。

## 自分が快適な部屋

多くの70代にとって、自分の住まいは、一番過ごす時間が長い場所。

住まいが自分の元気を湧き起こしてくれる場所となるよう、清潔で居心地のいい環境づくりが大切。

では、自分にとって居心地のいい住まい空間とは、どんなものでしょうか？

私の場合は、帰宅して玄関のドアを開けたとき、リビングで音楽を聴いているとき、キッチンで料理をつくるとき、一日の終わりにベッドに横たわるとき……どんなときでも〝心が裸〟になれる空間のことです。

それが、居心地のいい住まい。

そのためには、次のようなことが重要だと考えています。

● いつも新鮮な春風のような透明な空気が流れていること
● 掃除がいきとどいていること

●床に物が散らばっていないこと
●生花があること
●ランプの淡くて温かな光があること
●物が決まった場所にあること
●夏は涼しく、冬は暖かく過ごせること
●ほどよい整理整頓がされていること
●好きなものに囲まれていること

自分の住まいは、人生の後半戦の大切な舞台。

毎日のように汚れた空間を目にするのと、きれいさっぱりとした空間を目にするのとでは、心と身体の状態に大きな差が生まれるはずです。

自分自身にとって居心地がよく、気持ちのいい風の通る空間づくりは、私の快適生活の哲学です。

# 6章

# 自分を肯定する

## 深刻にならない

「四十にして惑わず」という意味の「不惑《ふわく》」という言葉がありますが、現実においてはいくつになっても、悩んだり、不安になったり……心配なことというのは尽きないものです。

ただ、そういった悩みごとについて、突き詰めて考えたからといって、解決するかといえば、そうとも限りません。

ならば、何事も深刻になるのではなく、ラクに考えていくほうがいい。

全部をなんとかしようと考えると、つらくしんどくなってしまう。

だから、箇条書きにするように一つずつ向き合うことにし、先延ばしにしていいものは先延ばしにする。

あとは「なんとかなる」と手放してしまってもいい。

どうにもならないことに焦点を合わせると、心は落ち込んでしまいます。

そうならないよう、小さなところに喜びを見出していく。

「今日も生きてる。あー、幸せ！」

その感覚でいいのです。


最近は高齢者のうつ病など、シニアのメンタルヘルスのことが話題にもなりますが、これまで十分頑張ってきたのですから、真面目に、神経質に考えてしまうところから、もう自分自身を解放してあげましょう。

今が楽しければ、それでいい。ケ・セラ・セラ。


まわりを見ていても、そのぐらい思い切って線を引き、心の中で割り切ってしまえるような人が、明るく元気な70代以降を過ごしているように思います。

まずは、そんなふうに「開き直っていいんだ」という許可を自分にあげて、自分を肯定してあげる練習からはじめてみるのです。

## 不完全でいい

かつて、郷里で父が実家を建てた際、完成時にトイレの天井に一カ所、隙間が空いていたそうです。

理系で正確な父は、施工した昔ながらの大工さんに、それを指摘したのだとか。すると、その大工さんは「必ず未完成なところを残すことが、職人の昔からの言い伝えです」と言ったといいます。

その昔話を成人した私が父から聞いたとき、『徒然草』の中にある話を思い出しました。筆者の兼好法師《けんこうほうし》の記述によると、「昔の賢人たちのつくった仏典などの書物には、章や段の欠けているものがずいぶんある」らしく、「天皇の住む内裏《だいり》を造営するときも、必ず未完の部分を残すもの」なのだとか。

しかも、兼好法師は「物を何事もきちんとそろえようとするのは、つまらない人のすることだ」「何事にも物事の隙もなく、完全に整っていることは悪いことだ」という旨のことまで述べている。

なるほど、この話、人生にも通じるような気がします。

いにしえの書物を書くような賢人たちでも、内裏を造営するような大工さんでも、完全な状態は目指さないのです。

ならば、現代を生きる私たちは、なおさら不完全な状態、そんな存在でいい。

そもそも、完全なものや人なんて、ありえないのですから。

何事も〝不完全でそこそこ〟が一番心地よく、きっと誰からも愛されるのでしょう。

歴史も認めてくれていますから、安心して不完全な自分を楽しみたいものです。

## 老いの特権

老いて社会や仕事の中心から離れるのは、幸せなことです。

自分で使える時間が増える。

煩《わずら》わしい人間関係から解放される。

だから、「することもなく退屈でわびしい」と嘆《なげ》くことなどありません。
時間があるので、自分の心と向き合えるのだから。

忙しく働いているときは、自然と対話する時間が持てず、静かに自分の心の声を聞く気にもならず、その暇もなかなかありません。

心の声と向き合うのは大切なことなのに、実際にはそうすることは難しく、いつの間にか肉体を駆使するだけで一日が終わっていたものでした。

それが年齢を重ねて、自分とゆっくりと語り合える時間を取り戻せたのだ、と考えてみるのです。

今、この瞬間を味わうチャンス。

人がなんと言っても世間体など気にせず、自分の心に正直に生きる。

そのくらいの気持ちで、残りの日々をじっくりと味わい、暮らしたいものです。

## 衰えを愉快にカバーする

若い人が老人の状態を試すためには、度の強い眼鏡をかけ、耳栓をして、鉛《なまり》がついたサイズの大きい靴を履き、両手に分厚い手袋をする——この格好で一日を過ごしてみるとわかるらしい。

いつか、テレビでタレントが実験していたが、かなり肉体的に動きが鈍くなり、苦痛が伴うそうです。

年を重ねるにつれ、このような肉体的な老化はどうしても避けられない。

どんな人も平等に身体は変化し、衰えていく。

感覚は鈍くなり、筋肉も衰え、動作も思うようにできない。

でも、老いによる肉体的な衰えは、いろいろな方法や機器でカバーできるのだと考え、失うことではなく、補うことに着目すると、気持ちも明るくなるかもしれない。

見えにくくなった目には少し洒落《しゃれ》た眼鏡、聞こえにくくなった耳には好きな色の補聴器、足腰が弱った場合は紳士・淑女の気分で転ばぬ先のステッキ。

身体のどこかに不自由なところがあれば、上手に楽しみながら、補う機器や環境を整えればいいだけなのですから。

嘆いてばかりでは、心も萎《な》え、年をとることにも後ろ向きになり、心身ともに苦痛を感じてしまうもの。

そうならないためにも、肉体の変化については「自然現象なのだから」とあらかじめ割り切りながら、どんな装備で補うかを楽しんでしまうことです。

## 小さな楽しみを見つける

老年を迎えたら、何かを我慢するのではなく、したいことを選び、したくないことはできるだけ日常から削除するのもいいでしょう。

たとえば、日々の行動を〝好き・嫌い〟で選択してみる。

自分のやりたいことを小さくてもいいから見つけ、その方法が楽しくなるように、工夫してみるのです。

暇で退屈しているなら、新しい分野の勉強や運動、音楽に興味を持つ。

そんなことでも、毎日に新たな喜びが生まれるはずですから。


そういう私も、昨年末、ラジオを聴いていたら、面白い番組に出会いました。

哲学の先生が、分野の違うクラシックについて語り、昔懐かしいレコードを選んでは聴かせてくれるのです。

それも、この番組、毎年末に一度だけ、限定放送というのも面白い。

今回は、ドヴォルザークが、なんと〝鉄道オタク〟だったという話でした。

実際、ラジオから流れるオーケストラの「交響曲第9番」を聴いていると、まるで機関車が煙を吐き出して走っているようではないですか。

鉄道オタクではない私でも、こんなクラシックの名曲を楽しむ方法があるなんて。

目を閉じれば、汽車に乗って好きな旅をしている気分になり、実に楽しい。

クラシックを聴く新しい楽しみ方が、また増えたような気がしてきました。


余談ながら、このラジオに出演した哲学の先生自身も、次回の放送までにリスナーがあっと驚く別のクラシックの味わい方をあれこれ調べて披露する楽しみがありそう。

他人事ながら、先生のこの一年が豊かな人生になるに違いない、と。


自分がしたいことが見つからないときは、これまでとは違うやり方に変えたり、普段行かないような環境に身を置いてみたり、と生活に変化を取り入れてみるのもいい。

そうすれば、思いもよらなかった、みずみずしい喜びが見つかるはずです。

年輪を重ねたからこそ、かつては面白いと思わなかったことが、今、向き合ってみると面白く感じることもある。

若者のようにワクワクドキドキの刺激的なものとは違うかもしれませんが、趣のある老いの楽しみを、じっくりと探してみたいと思う。

## 失敗にくよくよしない

これまでの人生、失敗と成功の繰り返しだったような気がします。

ただ、失敗は恐れることでもないし、悪いことでもなかったと思う。

むしろ、よく考えた末の失敗なら、同じ間違いを繰り返さないよう、その原因を探ることができる。

だから、失敗を恐れず、小さな工夫を繰り返した。

どんなときも、失敗すると、「明日がある」と立ち直り、前へ進んだ。

世の中の偉大な発見は、多くの失敗の連続から生まれたもの。

失敗は、明日への遠回り。

もっとうまくできるための教科書に過ぎないのですから。


最近は湯船にゆったりと浸かりながら、その日にあった出来事やよかった風景を思い浮かべることが日課になっている。

久しぶりにつくったシュークリームがうまくできた。

バッテリーが上がってしまった車の修理が予定より早く終わった。

気になっていた人から元気なメールが届いた。

広島からおいしい柑橘類が届いた。

気がかりだったことが少し片付いた。

……といった具合に。

ある日、うまくいかなくても、次には少しずつうまくいくようになっているもの。

だから、どんな些細《ささい》なことでも、丁寧に前向きに考えると、重い気持ちは遠ざかり、「今日も、まんざらでもなかったな」と安堵《あんど》できるものです。

「案ずるより産むがやすし」「思い煩うな、一日の苦労は一日で足りる」と言い聞かせ、「今日の失敗は、遠回りでも、必ず明日への成功へとつながる」のだと思い込んでしまえばいい。

生き方は下手でもいいから、あれこれ考えながらも少しずつでも前へ、失敗を糧《かて》にして確実に歩みを進めていくのです。

## 過去の自分ではなく、現在の自分

最近、まだ仕事をしているにもかかわらず、名刺を持ち歩くことが少なくなりました。

年を重ねると、顔パスみたいな気持ちになって、「どこそこの○○です」と、あえて詳しく名乗る必要はないような気がする。

今さら、営業するわけでもないし、ビジネスを広げる気もない。

名刺を持ち歩くのは、仕事上は必要なこともあるが、私生活では邪魔にもなる。

かえって「へえー。まだお仕事されているとは」と興味を持たれるのも煩わしいもの。

「元××会社」と書かれた名刺を持ち歩く初老の方をお見かけすることもあるが、名刺に縛られずに、仕事以外ではじめて会った人にも、「沖です」と一言で済ませればそれでいいのです。

相手も、老女の域に入る私を見て、「何をされていますか？」とは聞かなくなったし、たとえ「あの人、どんなことをしてた人？」と噂《うわさ》されても、本人がそこにいるんだからそれで十分。

疑問や質問があれば、直接本人に聞いてくればいいのだから。

今、どんな自分であるかが大切なので、そのときどきの懐かしき思い出は数多くありますが、過去の所属などは重要ではない。

実際、そういった意味で、知人の70代の元ファッションデザイナーの女性の立ち振る舞いは、本当に素敵。

世話好きな彼女は、スタイリストの経験を生かし、シニアも含め、主婦たちのオシャレ相談に乗るボランティアをはじめたのですが、彼女が持っている名刺には、過去の実績等の記載はなく、ただ〝オシャレのことならなんでもご相談を！〟とあるだけ。

彼女のセンスよく明るい振る舞いによって、近所の主婦だけでなく、人づてでの問い合わせも入るようになり、忙しく走り回るようになったのだとか。

とはいえ、若いころからの蓄えと年金もあり、お金に困ってはいない彼女、自分を疲弊させるほどあくせく働くことはしない。

「どうしても」という人には相応の値段で、衣装選びや着つけを引き受けるようになり、そこで得たお金は好きな国内外の登山旅行に使っているという。

趣味と実益を兼ねた生き方をしている彼女の、元気で生き生きしている様子を見たり聞いたりするたびに〝70代老女〟の底力と怪力パワーを頼もしく思う。

過去のキャリアの積み重ねがあってこそ、今の自分があるのはもちろんだが、年を重ねるほど、名刺があってもなくても、今の自分を堂々と語れる生き方をしていきたいものです。

## ときには、元気な大ボラを

知り合いに会うたびに異なることに関心を持ち、それを意気揚々と話す人がいます。この間は「イタリアに別荘を買う」と言っていたのに、今はテレビに感化され、瀬戸内海の無人島を探しているらしい。

「よくまあ、そんなことを考える」と、しょぼくれた老人仲間に笑われながら、「まあ、夢を豪語するだけはタダだから」と、本人はいたって陽気で気にしていない。

彼は70歳をとっくに過ぎているが、人生を終活したいと悩んでいる同年齢の人に比べると、20歳くらい若く見える。

彼の頭の中には〝人生の店じまい〟はないのかもしれない。

いつも新しい知識や情報に興味津々で、西においしい名品があれば出かけ、東に話題の名所があれば駆けつけるほど、心も身体もフットワークが軽い。

「話半分」という言葉どおり、彼の夢の話は実現性がないので、ほとんど信用できないのはご愛嬌《あいきょう》だが、明るくて害がない大きなホラは聞くだけで楽しく、情報収集のアンテナの感度はみんながうらやむほど。

まわりの老人たちも、なんだかんだ「ほう、ほう」と、楽しそうに聞いているところを見ると、勇気と元気、それに希望を与えてもらっていると、みんな密かに思っているに違いない。

人に何と言われようが、どう思われようが、多種多様な可能性を求め続ける自分流の生き方を貫く彼の姿は、立派の一言。

そのときどきの流行や自分の興味を中心に動く彼の人生の羅針盤は、いまだに方向が定まらず、少し不器用な気はするけれど、「お見事!」だと思うのです。

## 心を無心に遊ばせてみる

私は、会社でも家でも困難なことがあると〝川の流れに身を任せ〜〟と、いろいろな歌を混ぜたような歌詞を、わけのわからないメロディに乗せて楽天的に口ずさむ。

愚かで未熟でも自分を信じて、たまには、自然体で生きることも大事。

困難な悩みや苦しみに集中すると、心が重く閉ざされ、気持ちが後ろ向きになり、肝心な物事の本質をどこかに見失ってしまうような気がする。

そんなとき、流れにゆったりと身も心もゆだねていると、見えなかったものがハッと見えてくることがある。

コロナ禍によって海外へ渡航する機会が減ってしまったが、それまでは、年末年始によく出かけていた南の島。

澄み切ったコバルトブルーの空を見上げながら、誰もいない海で心と身体をプカプカと漂わせていると、解放感が溢れ出て、日本での仕事や人間関係など、これまでのすべてが小さくつまらないものに思えてくる。

そして、そんなときに、新しい気持ちも生まれてきた。

海の中ではるか彼方を優雅に航行している船を見ているうちに、年甲斐もなく、小型船舶の免許取得をとることを思いついたのですから！

ときには、自分なりの方法で、心を無心に遊ばせてみること。

意外な発見や思いもしていなかったアイデアが湧き起こり、明日への生きる勇気と元気が生まれ、世界が広がるかもしれません。

## 毎日を丁寧に生きる

ずいぶん昔のことですが、両親の墓がある郷里の禅寺の、当時90代のご住職から、「毎日のあらゆる場面が修行です。だから何事もゆっくりと丁寧に」と説かれたことがありました。

私自身、毎日を丁寧に生きることは、心がけていることでもあり、その話を聞いてなんだか嬉しくなったのを覚えている。

生きるうえでの私のモットーは、毎日の〝一期一会《いちごいちえ》〟を大切に、丁寧に暮らすこと。忙《せわ》しない今の世の中、あらゆることすべてを丁寧にこなすことは難しいが、大切にする心がけは持っておきたいもの。

どんなこともできるだけ心を込め、丁寧にやることを心がけながら、それが楽しくできれば最高だと思うのです。

この本で紹介した、水まわりをサッと拭く掃除にしても、季節を味わうことにしても、ある意味では、何気ない日常にちょっとした気配りを加えて、丁寧に喜び、丁寧に楽しむ、ということ。

時間があるときには、黙々と丁寧に家の中を拭いてみたり、季節をかみしめてみたりすれば、それが一種の禅の修行のように、瞑想《めいそう》状態にもなっていく。

同じことをやるにしても、急《せ》いてイライラを溜めず、他人にも自分にも完全や徹底を求めるのでもなく、ゆるやかにゆとりをもって、心穏やかに丁寧に暮らしていくことはできそう。

そして、寝る前には、今日はどうだったかと振り返りながら、嬉しいこと、楽しい出来事は、明日への生きるエネルギーに変え、嫌なこと、つらいことは深追いしないで、サッと水に流してしまう。

「この世は、一期一会の修行の場」と言い聞かせながら。

どんな一瞬にも心を込めて丁寧に向き合うことが、自分を磨く修行にもなり、人生に充実感をもたらしてくれるはずです。

## 全身全霊で泣く

あるとき、ランチを共にした新聞記者に、「誤解されやすいタイプですね」と言われたことがありました。

そのときは気に留めず、あえてその理由も聞きませんでしたが、ふと、どういう意味だったのだろう、と最近になって想像を巡らすことがあります。

当時は、私が会社をつくったばかりのころで、ベンチャービジネスがマスコミでもてはやされ、キャリアウーマンからたった一人で掃除をビジネスにした私にも、その類いの取材が相次いだのです。

その新聞記者とも、そんなところからの縁だったわけですが、見かけと実際話してみたときの印象が違うと言いたかったのか、女々《めめ》しそうに見えて男のように馬力があるように見えたのか……。

その記者の真意はわかりません。

とにかく、わかりにくい人間に見えたのかもしれない。

私自身、下手で不器用な生き方をしてきた自覚はある。

〝女だてら〟に一応起業家なので、たくましそうに思われることもありますが、決してそれだけでもない。

若いころから、人前で大声で笑うことはあっても、弱音を吐いたり、涙を流したりすることは苦手でした。

笑い上戸《じょうご》だけれど、泣き下手。


ただ、つらいことや悲しいことは、人間だからもちろんあります。

複雑で手に余る仕事での失敗、親しい人との悲しい別れ。

年を重ねれば、その分、喜びもあるが、切なく悲しいことも起こるもの。

そんなとき、人前で少しの涙を流すことはあっても、泣き下手は相変わらず。

浴室で一人シャワーを浴びながら、大声で泣くのです。


泣き声はシャワーの音にかき消されるので、心から放心したように思いきり泣くことができる。

あるときは、車を運転しながら、おいおいと声を上げ、一人泣き続けたことも。

とにかく泣きたいときには、泣き下手であっても、一人になって、全身全霊で泣くことにしている。

涙が、やがて心の深い悲しみを洗い流してくれるはず、と信じて。

喪失感や寂寥感は、その深さによって癒すのに時間がかかり、その分、流す涙の量もつらさも多いもの。

だからこそ、自分のために、人知れず大げさに流す涙も必要なのです。

## 自分だけの〝癒しの森〟を

よく散歩をする明治神宮には、樹齢100年以上の木々が数多くあります。

ときどき、大きな木を両手で抱きかかえ、じっと瞑想にふけっている女性に出会うことも。

そんな姿は、まるで母親の腕の中で安心し、身も心も預けてひたすら眠っている幼子のよう。

自然は、無条件に疲れた人の心を受け入れ、慰《なぐさ》め、癒してくれるのかもしれません。

そういえば、私も子どものころ、家の近くの広々とした土手の草原を遊び場にしていたことがある。

河原に流れ着いた大小さまざまな石に、それぞれ名前をつけ、一方的に今日の出来事などを話す。

また、その中に、まるでライオンが寝そべっているような大きな岩があって、自分で〝チコ（幸子）のイス〟と名づけ、秘密の場所にしていました。

学校で嫌なことがあっても、私だけのそのイスに座り、はるか遠くに見える山々の頂きや果てしなく広がる高い空に浮かぶ雲を見ていると、なぜか、このまま空を飛んでどこへでも行けるような、おおらかな気分になったものです。

人は何歳になっても、疲れた心を癒してくれる、自分にとっての〝癒しの森〟を求め、それに支えられて、生きていくのかもしれません。

森や河原でなくても、近所の公園や緑の濃い神社、お気に入りのカフェや静かな時間の流れる図書館等々、どこでもいい。

これからも、自分自身のよりどころになる〝癒しの森〟を探し続けたいと思う。

## 一日が楽しく感じられるように生きる

ふと気がつくと、「今年もあっという間に過ぎたな」と、つくづく思います。

ここ数年尾を引いたコロナ禍、世界中の気候変動、終わりの見えない紛争……世の中の盛りだくさんの出来事に翻弄《ほんろう》された影響もあるのでしょう。

でも、同年代の友人・知人たちも、「最近一年が早く感じる」と口をそろえて言うので、それだけではないのかもしれません。

なんでも、一説によると、同じ時間であっても、それまで生きてきた時間の長さに反比例して、高齢になればなるほど一年あたりの体感が短く感じられるそう。

10歳児にとっての一年と、70年余の歳月を過ごしてきた人にとっての一年では、割合が違うというわけです。

高齢者は、若者に比べて長い時間にさまざまな人生経験を積んでいるので、すでに経験済みのことが多く、感動する機会が少ないから、漫然と時間が過ぎ去ってしまうのだとか。

思えば、働きはじめたころは、仕事に慣れておらずに試行錯誤の連続で、時間が長く感じたものでした。ただ、数年経って慣れてくると、自分の全エネルギーを注がずとも仕事ができるようになり、それからはどんどん時間が早く経っていったような気がします。

地球は絶えず回り、昔も今も、実際の時間の長さに変わりはありません。

それでも、時間の長さが違うように思えるということは、すべての〝長い・短い〟は、人の心が感じて決めている、ということ。

つまり、私たちがこれからどれだけの長さの人生を生きるのかは、実際に生きる時間の長さもそうですが、それ以上に、私たち自身の人生への向き合い方が決めている、ということなのです。

そう思ったとき、重要なことは、やはり自分の人生を、自分の手に取り戻すことだ、と。

通信機器も発展し、世の中はまるで走馬灯のように、流れが速くなりました。

いろいろなところに作為が溢れ、売らんかなの商魂たくましく、本来の意思とは関係なしに、気づけば何かを買っていたり、無意識に動画を見て一日が過ぎていたり。まさに、光陰矢の如し。

自分で自分の時間の使い方を意識しなければ、健康か否かにかかわらず、人生の時間は〝短い〟ものとして終わってしまうのです。

だからこそ、現代の70代にとって大切なことは、今を味わい、新しい小さな楽しみを見つけ、ムダなことをしてみることなのです。

それが、人生で味わったことのない、はじめての感動をもたらしてくれるかもしれないのだから。

年を重ねているからこそ、まわりに翻弄されないこと。

昔の少年少女のころの純粋な気持ちを忘れずに、小さなことでも感動して楽しめる人ほど、時間の概念を抜け出し、長くて充実感に溢れる一日一日を過ごしていくことができるのです。

# エピローグ

人はよく、漠然と「幸せになりたい」と思ったり、口にしたりするものです。

でも、幸せというものは、何かを達成したり、希望が叶ったりといった、その瞬間の点で訪れるものであって、永遠に持続する線のようになってくれるものではありません。

しかも、その幸せの点に到達するまでの裏側には、悲しみや苦しみ、不運が待ち構えていたりもする。

その幸せの点にたどり着いても、また次の瞬間には幸せは手元からなくなり、また次なる一瞬の幸せの点に向かって、長く続く悲しみや苦しみを乗り越えていくことになる。

その意味では、幸せにすがりつきたい気持ちはよくわかりますが、つかみどころのない幸せを安易に追い求めようとすることは、実は充実した人生にはつながらないのかもしれません。

そんな思いのもと、私がたどりついた心境が、この本でもお話ししてきた、自然に還ることでした。

日々の暮らしの中にしっかりと根を下ろし、生活の中に自然を取り入れてみる。

人も、社会も、時代も、日々変わっていくものですが、手を加えない限り、自然は変わらず元のままの姿で、厳しくもやさしく私たちを迎えてくれます。

自然との対話は、さまざまな知恵や工夫をもたらしてくれますし、その自然とのかかわりこそが、成功や達成というような刺激的な幸せとはまた違った、そこはかとなく持続する生きる楽しみや喜びとなるのです。

一年を4等分した「四季」。

さらに24等分にした「二十四節気」の暦。

それらに沿った季節の習慣や行事、旬の食べ物等々。

その素朴でシンプルなものこそが小さな喜びを生み出し、人生に新しい生きがいを与えてくれるような気がします。

「寒い」と言って厚着をして背中を丸める人に、「明日は節分だよ!」と呼びかければ、「もう春が来るのかぁ」と、冬の暗い顔が急に春めいて明るくなってくる。

秋の澄み切った高い空に浮かぶ雲の姿に、空想の絵を描いてみるのもいい。今この瞬間を生きる喜びが全身にみなぎり、生きるエネルギーにつながる。

季節ごとの旬の魚や野菜を選んで料理し、心から自然の味を堪能すれば、それこそ、〝おいしい喜び〟そのものです。

今も昔も変わることなく巡りくる四季。

その季節の変化を織り込んだ暮らしこそが、自然を身近に感じさせてくれ、なんでもない家事にかかわる時間をも、豊かな一刻に変えてくれる。

これからも知恵と工夫を重ねて年月を刻みながら、自分と向き合い、あるがままに暮らし続けていきたいと思います。

いつも支えてくれるすべての人々に、心より感謝と希望を。

2023年　春

★読者のみなさまにお願い

この本をお読みになって、どんな感想をお持ちでしょうか。祥伝社のホームページから書評をお送りいただけたら、ありがたく存じます。お手紙、電子メールでも結構です。

〒101―8701（お手紙は郵便番号だけで届きます）
祥伝社　書籍出版部　編集長　栗原和子
電話03（3265）1084
祥伝社ブックレビュー　www.shodensha.co.jp/bookreview/

70過《す》ぎたら あるがまま、上手《じょうず》に暮《く》らす

令和5年5月10日　初版第1刷発行

著　者　沖《おき》　幸《さち》子《こ》

発行者　辻　浩明

発行所　祥《しょう》伝《でん》社《しゃ》

〒101-8701
東京都千代田区神田神保町3-3
☎03(3265)2081(販売部)
☎03(3265)1084(編集部)
☎03(3265)3622(業務部)

印　刷　堀内印刷

製　本　積信堂

ISBN978-4-396-61807-0 C0095　Printed in Japan
祥伝社のホームページ・www.shodensha.co.jp

好評既刊

"考え方のコツ"×"生活のメリハリ"で
老いの不安や心配に
負けない心をつくる!

# 70からはメリハリ元気で自然な暮らし

沖 幸子

生活評論家・掃除のプロフェッショナルが、
無理なくできる70歳からの家事・整理整頓の極意と、
シニアを楽しむゆとりのつくり方を伝授!